Zur Finanzierung von Kleinbahnen.

Von

Dr. rer. pol. **Kurt Kunow**, Berlin-Zehlendorf.[1])

Die Formen der Finanzierung.

Aus dem tatsächlichen, innersten Zweck einer Kleinbahn ergibt sich die Form der Aufbringung der Mittel zu ihrer Durchführung. Handelt es sich um ein reines Erwerbsunternehmen, so wird sich ausschließlich privates Kapital zur Begründung einer Kleinbahn zusammentun. In den ersten Anfängen des Eisenbahnwesens in Preußen fand sich genug Kapital, das in den Eisenbahnunternehmungen eine günstige Anlage sah. Das war natürlich, da zuerst die Linien gebaut wurden, die neben dem volkswirtschaftlichen Nutzen auch eine hohe Ertragsfähigkeit und hohen Gewinn versprachen. Von den nebenbahnähnlichen Kleinbahnen sind zunächst auch solche Strecken durch private Initiative gebaut worden. Bei den Straßenbahnen und städtischen Schnellbahnen war fast ausschließlich die Aussicht auf eine günstige Verzinsung des Anlagekapitals für den Bau maßgebend. Der Grund dafür liegt in der Tatsache, daß ein städtisches Personenverkehrsmittel einen bereits vorhandenen Verkehr eben durch die verbesserte Beförderungsmöglichkeit an sich zieht und dann durch die zeitliche Verkürzung der Entfernungen die Ausdehnung des Stadtgebietes erweitert und so fortzeugend wieder neuen Verkehr entwickelt. So ruht die Prosperität und damit der Erwerbsgedanke in dem Charakter eines solchen Unternehmens selbst.

Ganz im Gegensatz dazu steht der größte Teil der nebenbahnähnlichen Kleinbahnen. Sie sollen nicht in erster Linie eine verbesserte, schnellere und billigere Beförderungsgelegenheit für bereits vorhandenen Verkehr darstellen, sondern sie sollen gerade eine volkswirtschaftliche werbende Funktion erfüllen. Ihre Aufgabe ist es, erst den Anreiz zur verbesserten Produktion oder zur Neuansiedlung von ländlichen oder gewerblichen

[1]) Teilabdruck aus der Dissertation.

Betrieben zu geben, also erst Verkehr zu entwickeln, ein Gebiet zu erschließen. Bei einem solchen Wirtschaftscharakter der nebenbahnähnlichen Kleinbahn sind günstige Ertragsaussichten zunächst natürlich nicht vorhanden und eine Anlegung privaten Kapitals in solchen Unternehmen würde ein großes Risiko bedeuten. So hat sich wegen der Zurückhaltung des Privatkapitals der Staat als Vertreter der öffentlichen Interessen genötigt gesehen, von sich aus einzugreifen und durch Unterstützungen die Entwicklung des Kleinbahnwesens zu erleichtern und zu fördern. Aus dem gleichen Grunde traten auch die Kreise als Kleinbahnunternehmer auf, um ärmeren Gebieten überhaupt eine Bahnverbindung zu schaffen und auf Anlegung planmäßiger Verkehrsnetze nach allgemein-wirtschaftlichen und nicht nach privatwirtschaftlichen Erwerbsgesichtspunkten hinzuwirken. Gerade die Kreise erschienen berufen zur Wahrnehmung räumlich begrenzter Interessen, da ihr durchschnittlicher Gebietsumfang eine gewisse Einheit darstellt, die nicht zu klein, aber auch nicht zu groß ist und so dem Begriff der örtlichen Bedeutung der Kleinbahn am ehesten entspricht. Die Provinzen als die weiteren Kommunalverbände konnten sich im Interesse der Entwicklung des Verkehrswesens einer Unterstützung ihrerseits nicht entziehen, da die Schaffung von Kleinbahnen einer Verbesserung und Vermehrung der bestehenden Straßennetze gleichkam und deren Bau in den ursprünglichen Aufgabenkreis der Provinzen gehörte. So kamen also als Faktoren für die Finanzierung der nebenbahnähnlichen Kleinbahnen in Betracht: einerseits privates Kapital, andererseits öffentliches, aufgebracht von Staat, Provinzen und Kreisen, wozu noch eine Unterstützung oder Beteiligung durch die engsten Kommunalverbände: Städte und Gemeinden und neuerdings nach der Übernahme der Staatseisenbahnen auf das Reich eine Reichsunterstützung hinzukommt.

Die amtliche, bisher vom preußischen Ministerium der öffentlichen Arbeiten und jetzt vom Reichsverkehrsministerium veröffentlichte Statistik der Kleinbahnen unterscheidet folgende fünf Finanzierungsgruppen: Staat, Provinzen, Kreise, Zunächstbeteiligte und „in sonstiger Weise". Während die drei ersten Gruppen eindeutig bestimmt sind, ist die Gruppe Zunächstbeteiligte (Interessenten) nicht von einheitlichem Charakter. In ihr sind neben privatem Kapital der Anlieger (Grundbesitzer, Industrielle usw.) — vornehmlich Aufwendungen für den Grunderwerb — auch in weitgehendem Maße und besonders bei Straßenbahnen Kapitalbeteiligungen von Städten, Gemeinden, auch vom Staat als Fiskus enthalten. Die „in sonstiger Weise" aufgebrachten Kapitalien stammen demgegenüber im allgemeinen von nicht unmittelbar interessierten Personen oder Personenvereinigungen her. Es sind z. B. Kapital-

Gliederung.

A. Einleitung:
   1. Privat- und Staatsbahnsystem; die Eisenbahnpolitik in Preußen-Deutschland.
   2. Der Kleinbahnbegriff.

B. Die Finanzierung von Kleinbahnen.
   I. Die Beeinflussung der Finanzierung durch:
      1. Die natürliche Lage einer Kleinbahn,
      2. Grunderwerb und Benutzung öffentlicher Wege,
      3. Die technische Gestaltung und Ausrüstung,
      4. Die Art der Ausführung.
   II. Die Formen der Finanzierung.
      1. Allgemeiner Überblick.
      2. Die Finanzierungsformen im einzelnen:
         a) Finanzierung mit ausschließlich privatem Kapital: Privatwirtschaftliche Form;
         b) Finanzierung mit privatem und öffentlichem Kapital: Gemischtwirtschaftliche Form;
         c) Finanzierung mit ausschließlich öffentlichem Kapital: Gemeinwirtschaftliche Form.
   III. Die Unterstützung des Kleinbahnbaues aus öffentlichen Mitteln in Preußen.
      1. Die historische Entwicklung der Frage der Unterstützung aus öffentlichen Mitteln.
      2. Die Unterstützung durch den Staat:
         a) finanzielle Unterstützung:
            aa) Voraussetzungen und Bedingungen für eine Unterstützung,
            bb) Formen der Unterstützungen,
            cc) bisherige finanzielle Leistungen des Staates;
         b) Förderung durch gesetzgeberische und Verwaltungsmaßnahmen.
      3. Die Unterstützung durch die Provinzen:
         a) Systematische Darstellung der Grundsätze für die Unterstützung: Voraussetzungen, Formen, Höhe, Bedingungen der Unterstützung und die Aufbringung der Mittel.
         b) Die Unterstützungsnormen in den einzelnen Provinzen.
         c) Die Aufwendungen der Provinzen.
         d) Die Unterstützung von Straßenbahnen.
      4. Die Förderung und Unterstützung durch die niederen Kommunalverbände.
      5. Die Gesamtfinanzierung der nebenbahnähnlichen Kleinbahnen nach Kapitalanteilen und Provinzen.
      6. Die Unterstützung durch das Reich.
      7. Außergewöhnliche Unterstützungen aus der Notstandsaktion und der produktiven Erwerbslosenfürsorge.
   IV. Der Staat als Zunächstbeteiligter: Unterstützungen des Forst- und Domänenfiskus.
      1. Bereitstellung von Mitteln.
      2. Grundsätze für die Verwendung.
      3. Bisherige Leistungen.
   V. Öffentliche Maßnahmen zur Förderung und Erhaltung des Betriebes von Kleinbahnen.
      1. Kleine Mittel zur Förderung des Betriebes.
      2. Das Kleinbahnhilfswerk zur Erhaltung der Kleinbahnen: Entstehungsgeschichte. Voraussetzungen, Form, Bedingungen, Erfolg.

C. Schluß: Rückschau und Ausblick.

Anlage:
   1. Die Bewegung des Anlagekapitals der nebenbahnähnlichen Kleinbahnen und der Straßenbahnen Preußens von 1900 bis 1921 in statistischer Darstellung.
   2. Desgl. in graphischer Darstellung.

Die Arbeit schließt ab mit dem 1. Juli 1922.

Referent: Prof. Dr. Emil Erwin von Beckerath-Kiel.

ISBN 978-3-662-27547-4 ISBN 978-3-662-29034-7 (eBook)
DOI 10.1007/978-3-662-29034-7

einlagen der Bau- oder Betriebsunternehmer sowie bei Privatleuten aufgenommene Darlehen oder öffentlich begebene Anleihen. Bei rein privat finanzierten Unternehmungen wird unter dieser Gruppe das aufgewendete Erwerbskapital einer Privatunternehmung aufgeführt. Eine solche Gliederung gibt kein vollkommen klares Bild über die Art der Finanzierung einer Kleinbahn, da nicht ohne weiteres aus den zusammenfassenden Bezeichnungen Zunächstbeteiligte und in sonstiger Weise ersichtlich ist, ob es sich um privates oder öffentliches Kapital handelt. Ganz abgesehen werden muß bei dem Versuch einer systematischen Behandlung der Finanzierungsfrage von einer Gruppierung nach den Finanzierungsarten im einzelnen, also nach der Form einer Unterstützung oder den Bedingungen einer Beihilfe, da dann eine Unzahl von Sondergruppen unterschieden werden müßte.

Bei einer Betrachtung nach den bezeichneten fünf Gruppen lassen sich auch schon eine große Zahl von tatsächlich vorhandenen Kombinationen feststellen. Nach den amtlichen statistischen Angaben für das Jahr 1920/21, wobei die Wirkungen des Versailler Vertrags, jedoch nicht der Genfer Beschluß über Oberschlesien berücksichtigt ist[1]), ergeben sich für die nebenbahnähnlichen Kleinbahnen in Preußen insgesamt 22 verschiedene Formen, von denen jedoch neben mehreren häufig wiederkehrenden, gleichsam Einheitstypen eine große Zahl nur selten vorkommen.

Als Hauptformen heben sich folgende Kombinationen heraus, und zwar in der Reihenfolge der Häufigkeit:

1.	Staat	Provinz	Kreis	Zunächstbeteiligte	In sonstiger Weise	67 x = 21,6 %
2.	Staat	Provinz	Kreis	Zunächstbeteiligte	—	48 x = 15,5 „
3.	—	—	—	—	In sonstiger Weise	40 x = 13 „
4.	Staat	Provinz	Kreis	—	—	28 x = 9 „
5.	Staat	Provinz	Kreis	—	In sonstiger Weise	26 x = 8,4 „
6.	—	—	—	Zunächstbeteiligte	—	22 x = 7,1 „
7.	—	—	—	Zunächstbeteiligte	In sonstiger Weise	20 x = 6,45 „
						81,05 %

Die übrigen Formen sind erheblich weniger zahlreich. Daraus ergibt sich, daß öffentliche Verbände sich in hohem Maße an nebenbahnähnlichen Kleinbahnen beteiligen, andererseits aber auch ein nicht unbeträchtlicher Teil solcher Bahnen durch privates Unternehmerkapital finanziert wird. Die Höhe der aufgebrachten Kapitalien ist dabei jedoch noch nicht berücksichtigt.

---

[1]) Bisher noch nicht veröffentlichtes statistisches Material aus dem preußischen Ministerium für Handel und Gewerbe, das in der diesjährigen (1922) Ausgabe der Statistik der Deutschen Eisenbahnen (herausgegeben vom Reichsverkehrsministerium) erscheinen wird.

Bei den Straßenbahnen ist das Bild umgekehrt. Dort überwiegt das Erwerbskapital, das in den städtischen Straßen- und Schnellbahnen als privatwirtschaftlich werbenden Anlagen eine ertragreiche Betätigung sucht. Nach der Kleinbahnstatistik für 1914/15 und zwar unter Fortlassung der Bahnen in den abgetrennten Gebieten und unter Berücksichtigung der Veränderungen aus Anlaß der Umgestaltung Berlins, wodurch 15 Einzelunternehmungen in den Besitz der neuen Einheitsgemeinde Groß-Berlin übergegangen sind[1]), treten drei Hauptformen hervor:

1.	—	In sonstiger Weise	61 x = 35,47 %
2.	Zunächstbeteiligte	—	56 x = 32,56 „
3.	Zunächstbeteiligte	In sonstiger Weise	20 x = 11.63 „
			79,66 %

Die andern 14 verschiedenen Kombinationen verschwinden demgegenüber. Der preußische Staat hat nach dem augenblicklichen Stand ausnahmsweise nur in zwei Fällen eine Unterstützung gewährt, bei der Stadt Emden und der Stadt Plaue. Früher kam noch als dritter Fall eine Beihilfe an die Memeler Straßenbahn hinzu. Der hohe Hundertsatz, der auf die Finanzierung durch die Zunächstbeteiligten entfällt, ist darauf zurückzuführen, daß ursprünglich von Privatunternehmern gebaute Bahnen später von den Städten und Gemeinden erworben worden sind.

Das Eigentümliche an den Kleinbahnen und besonders an den nebenbahnähnlichen Kleinbahnen ist, daß die verschiedensten Faktoren an der Finanzierung, d. h. an der Entstehung dieser Bahnen beteiligt sind. Die wesentlichen Unterschiede bestehen darin, ob und inwieweit öffentliches und privates Kapital zusammenwirken. So lassen sich ganz allgemein drei Grundformen unterscheiden:

1. Finanzierung mit nur privatem Kapital als privatwirtschaftliche Form,

2. Finanzierung mit privatem und öffentlichem Kapital als gemischtwirtschaftliche Form,

3. Finanzierung mit rein öffentlichem Kapital als gemeinwirtschaftliche Form.

Das Merkmal für die erste Gruppe ist, daß das Anlagekapital ausschließlich von Privatpersonen oder privaten Gesellschaften aufgebracht wird. Eine einzelne Privatperson kommt bei der Kostspieligkeit einer Bahn nur in seltenen Fällen, bei verhältnismäßig kleinen Anlagen und

[1]) Neues Material nach dem Stande der letzten Jahre liegt nicht vor. Das preußische Ministerium für Handel und Gewerbe bearbeitet die Statistik der Straßenbahnen nicht mehr und der Verein Deutscher Straßenbahnen, Kleinbahnen und Privateisenbahnen, der die Fortführung übernehmen wollte, hat bisher noch nichts unternommen.

bei günstigen Rentabilitätsaussichten als Eigentümer und Unternehmer in Frage; sie kann eine Kleinbahn aus reinem Erwerbsinteresse oder aber auch aus unmittelbar privatwirtschaftlichem Interesse bauen. Im Jahre 1920/21 gab es bei den nebenbahnähnlichen Kleinbahnen nur zwei solcher Unternehmungen, von denen eine einem Rittergutsbesitzer als Zunächstbeteiligtem gehörte. Von den Straßenbahnen besaßen 1914/15 vier Privatpersonen Betriebe, die jedoch sämtlich Sondertypen der Straßenbahnen waren: zwei Pferde- und zwei Drahtseilbahnen. Drei von den Besitzern wurden als Zunächstbeteiligte aufgeführt. Entsprechend dem Umfang der erforderlichen Kapitalien ist es also meist eine Mehrzahl von Personen, die als Kleinbahnunternehmer auftritt. Sie können sich zusammenschließen zu den üblichen Gesellschaftsformen, jedoch kommt praktisch nur die Form der Aktiengesellschaft und der Gesellschaft mit beschränkter Haftung vor. Die Aktiengesellschaften überwiegen bei weitem: von 49 nur mit privatem Kapital finanzierten nebenbahnähnlichen Kleinbahnen waren es 31, von 71 Straßenbahnen 54. Die Form der Gesellschaft mit beschränkter Haftung tritt bei beiden Kategorien nur 10 bzw. 6 mal auf. Wenn bei Unternehmungen, deren Eigentümer Städte oder Gemeinden sind, die Aufbringung des Anlagekapitals unter der Rubrik in sonstiger Weise verzeichnet wird, so beruht das darauf, daß diese Kommunen ihre sämtlichen Rechte und Pflichten aus der Unternehmung durch Vertrag einem privaten Betriebsunternehmer auf bestimmte Zeit abgetreten haben.

Bei den Gesellschaftsunternehmungen lassen sich wiederum weitere Unterarten unterscheiden:

1. solche Gesellschaften, die Kleinbahnen an verschiedenen Orten besitzen, sich also nicht auf eine bestimmte Gegend beschränken;

2. solche, die eine Kleinbahn neben einem anderen gewerblichen Betrieb besitzen oder umgekehrt;

3. solche, die eine Zusammenfassung von Privatkapital der interessierten Gegend darstellen, kleinere Einzelunternehmungen.

Unter die erste Gruppe sind die großen Kleinbahngesellschaften, die gewerbsmäßigen Unternehmungen zu rechnen, wie z. B. die Allgemeine Deutsche Kleinbahngesellschaft für die nebenbahnähnlichen Kleinbahnen und die Allgemeine Lokal- und Straßenbahngesellschaft für die Straßenbahnen.

Beispiele für die zweite Gruppe finden sich besonders bei den Straßenbahnen. Des öfteren gehört einer Gesellschaft eine Kleinbahn und ein Elektrizitätswerk, das nicht nur zur Versorgung der Kleinbahn mit Strom dient. Die großen Elektrizitätsgesellschaften, deren Geschäftsgebiet nicht örtlich begrenzt ist, wie z. B. die Allgemeine Elektrizitätsgesellschaft, sind auch Kleinbahnunternehmer. Aber auch andere gewerbliche Unternehmungen besitzen Kleinbahnen: Ein Eisenwerk, ein Bergwerks- und Hüttenverein, zwei Berggewerkschaften, ein Hüttenwerk, die großen Farbenfabriken in Leverkusen, ein Tonwerk, eine Porzellanfabrik, ein Gut mit Ziegelei, eine Hafenbetriebsgesellschaft und schließlich Schiffahrtsgesellschaften und Reedereien, die auf den Nordseeinseln im Anschluß an ihren Dampferverkehr Kleinbahnen als Eigentümer betreiben, so zum Beispiel die Hamburg-Amerika-Linie auf Sylt. Eine von diesen Gesellschaften hat als einzige unter allen preußischen Kleinbahnen die Form der Genossenschaft, trotzdem gerade diese Eigentumsform in der Entstehungszeit des Kleinbahnwesens für besonders geeignet gehalten wurde. Alle solche Bahnen verdanken ihre Entstehung in erster Linie den engeren Wünschen und Zwecken anderer Wirtschaftsunternehmungen.

Die Art der Geldbeschaffung richtet sich nach der Gesellschaftsform, also Ausgabe von Aktien mit oder ohne Differenzierung in Vorzugs- und Stammaktien oder garantierte und nichtgarantierte Stammaktien bei Aktiengesellschaften und Stammeinlagen bei Gesellschaften mit beschränkter Haftung. Daneben werden, hauptsächlich bei großen Unternehmungen nach Lage der Verhältnisse Schuldverschreibungen ausgegeben, sonst Anleihen, Darlehen oder Hypotheken aufgenommen. Die Aktien und Obligationen der großen Gesellschaften, vor allem der zur ersten Gruppe gehörigen, werden auch zur Börse zugelassen und dort gehandelt, so z. B. in Berlin die Aktien der Aachener Kleinbahngesellschaft oder die Aktien und Obligationen der Allgemeinen Deutschen Kleinbahngesellschaft und der Allgemeinen Lokal- und Straßenbahngesellschaft. Gezwungen sind solche Gesellschaften dazu, wenn ihnen nur ein beschränktes privates oder Bankkapital zur Verfügung steht: es bedeutet eine Erweiterung des Kapitalkreises. Liefmann[1]) spricht diese Kleinbahngesellschaften der ersten Gruppe zum Teil geradezu als Finanzierungsgesellschaften an. Hinter ihnen steht Kapital von Großbanken, das in ertragsfähigen Bahnunternehmungen nutzbar angelegt werden soll. Die Bauausführung übernehmen entweder die Gesellschaften selbst oder sie übertragen sie einem leistungsfähigen Bauunternehmer, wie etwa Lenz. Sie selbst aber sind Betriebsführer, wie sie auch Bahnen anderer Eigentümer betreiben. Bei Vergrößerung des Geschäftskreises werden besondere Tochtergesellschaften gegründet, wie z. B. die Nassauische Kleinbahnaktiengesellschaft von der Allgemeinen Deutschen Kleinbahngesellschaft, die allerdings nicht nur mit privatem Kapital der

[1]) Liefmann, Beteiligungs- und Finanzierungsgesellschaften. Jena 1909.

Muttergesellschaft (das aber den Hauptteil ausmacht), sondern auch öffentlichem Kapital finanziert ist. Je größer ein Teilunternehmen, um so eher wird dezentralisiert. Diese Finanzierungsgesellschaften beschränken sich nicht auf Kleinbahnen, sondern sind auch Unternehmer von privaten Nebenbahnen. Ein Sondergebiet bilden die Gesellschaften, die sich den Ausbau der städtischen Straßenbahnen zum Ziel gesetzt haben. Hermes[1]) hat nachgewiesen, daß die elektrischen Straßenbahnen zum großen Teil Schöpfungen des Kapitals der Elektroindustrie sind, die sich dadurch Wirkungs- und Absatzmöglichkeiten schuf. Er unterscheidet drei Typen solcher Gesellschaften:

1. reine Finanzierungsgesellschaften,
2. reine Betriebsgesellschaften,
3. gemischte (Finanzierungs- und Betriebs-) Gesellschaften,

und weist sieben verschiedene Methoden der Schaffung von Straßenbahnen nach.

Heute treten die Entstehungsformen zum Teil nicht mehr in die Erscheinung, da in zunehmenden Maße die Straßenbahnen in das Eigentum der Städte überführt worden sind. Die ursprüngliche Finanzierungsform läßt sich bei Betrachtung aller bestehenden Kleinbahnunternehmungen zu einem bestimmten Zeitpunkt überhaupt nicht erkennen, da Veränderungen in der Aufbringung des Anlagekapitals sowohl für die erste Anlage wie für spätere Erweiterungen aus mannigfachen Gründen, hauptsächlich durch Wechsel des Eigentümers eintreten. Auch ohne einen solchen kann eine vollkommene Umfinanzierung, z. B. bei Umbau in Normalspur oder Einführung des elektrischen Betriebes, sich als notwendig erweisen. Die Schaffung von privaten elektrisch betriebenen Straßenbahnen und städtischen Schnellbahnen ist jedenfalls wegen des hohen Kapitalbedarfs kaum möglich ohne Inanspruchnahme des Kapitals oder die Mitwirkung großer Banken. Als Beispiel sei hier die Finanzierung des modernsten städtischen Verkehrsunternehmens, das zugleich das größte private Anlagekapital aller Kleinbahnen in Preußen aufweist, kurz skizziert.

Die Gesellschaft für elektrische Hoch- und Untergrundbahnen in Berlin wurde 1897 als Aktiengesellschaft mit einem Grundkapital von 12,5 Millionen durch die Deutsche Bank und Siemens & Halske gegründet. Der Zweck war zunächst, die der Firma Siemens & Halske bereits erteilten Genehmigungen zum Bau und Betrieb einer elektrischen normalspurigen zweigleisigen Stadtbahn in Berlin, Charlottenburg und Schöne-

---

[1]) Hermes, Finanzierung und Rentabilität deutscher Straßenbahnen. Jena 1909.

berg zu übernehmen und die Projekte Wirklichkeit werden zu lassen, also neben den technischen Voraussetzungen auch die finanziellen zu schaffen. Darüber hinaus aber sollte zum Aufgabenkreis der Gesellschaft gehören: der Erwerb und die Ausnutzung von Genehmigungen für andere etwa geeignet erscheinende Linien in Berlin oder zur Verbindung Berlins mit Vororten oder umliegenden Ortschaften, sowie die Erbauung, der Betrieb, die Pachtung, Verpachtung und sonstige Verwertung solcher Linien und die Beteiligung an Unternehmen dieser Art und schließlich jede mit diesen Zwecken in Zusammenhang stehende Tätigkeit, insbesondere die Errichtung, der Betrieb und die Verwertung von elektrischen Kraftstationen wie der Erwerb, die Verwaltung und Verwertung von

Grundstücken. Das ist ein recht vielseitiges und umfangreiches Programm, das die Gesellschaft als ein großzügiges Erwerbsunternehmen kennzeichnet. Es erfüllte damit aber die doppelte Aufgabe, sowohl die Errungenschaften auf dem Gebiete der Elektrotechnik auszuwerten als auch die Verkehrsverhältnisse der aufblühenden und wachsenden Großstadt zu verbessern und zu verfeinern. Privatwirtschaftlicher und volkswirtschaftlicher Zweck kommen sich hier also sehr nahe.

Die ursprüngliche Linie sollte eine Verbindung vom Westen nach dem Osten schaffen, vom Stadtbahnhof Zoologischer Garten nach der Warschauer Brücke (Stadtbahnhof Warschauer Straße) mit einer Abzweigung nach dem wichtigen Verkehrszentrum am Potsdamer Platz. Das beigefügte Linienschema zeigt, wie dann nach und nach diese Stammlinie Erweiterungen nach dem Stadtinnern, nach Norden und weiter nach Westen erfuhr. An diese Strecken der Hochbahngesellschaft schlossen sich später von Südwesten her die kommunalen Bahnen der Stadtgemeinden Schöneberg und Wilmersdorf und des Forstfiskus (Domäne Dahlem) an, so daß ein geschlossenes, einheitliches und zweckmäßiges Verkehrsnetz entstand.

Die angegebenen Jahreszahlen bezeichnen die Eröffnung des Betriebes auf den Teilstrecken. Dieses Schnellbahnsystem, das allmählich Stück für Stück gewachsen ist, ist auch heute noch nicht endgültig abgeschlossen. Mehrere Ausbauprojekte schweben schon seit langer Zeit, ihre Verwirklichung ist nur durch den Krieg und die ungünstige Wirtschaftslage der Nachkriegszeit aufgeschoben worden.

Der Geldbedarf für den Ausbau der einzelnen Streckenabschnitte einschl. des nicht unbedeutenden Grunderwerbs und der Anlegung der Kraftwerke und Betriebsbahnhöfe ist je nach Erfordernis durch Erhöhung des Aktienkapitals und durch Ausgabe von festverzinslichen Teilschuldverschreibungen gedeckt worden. Zwischendurch hat die Deutsche Bank häufig durch Gewährung von Kredit ausgeholfen. Die Steigerung der Investitionen hat sich folgendermaßen vollzogen:

Jahr	**Aktien**		**Obligationen**		
1897 . . .		12,5 Mill.			—
1899 . . .	—		4 %	12,5 Mill.	(davon zunächst nur 7,5, später 7,8 Mill. begeben)
1901 . . .	+ 7,5	20 „			—
1902 . . .	+ 10	30 „			—
1906 . . .	+ 10	40 „	3½ „	7,2 „	
1907 . . .	—		4 „	10 „	
1908 . . .	+ 10	50 „			—
1909 . . .	—		4 „	15 „	
1910 . . .	—		4 „	20 „	
1912 . . .	—		4 „	10 „	
1913 . . .	+ 10	60 „	4½ „	10 „	
1914 . . .	+ 20 . . . . 5 % Vorzugsaktien:	„ 60 + 20			—
1920 . . .	—		(Rest der Ausgabe 1899: 4,29 Mill. begeben)		
1921 . . .	+ 30	90 + 20			—

Ende 1921 belief sich die Summe der dividendenberechtigten Stamm- und Vorzugsaktien auf 80 Milionen und die Obligationenschuld auf 83,5 Millionen. Die Begebung der Aktien und Schuldverschreibungen erfolgte immer so, daß die Deutsche Bank oder ein Konsortium unter ihrer Führung oder die Elektrische Licht- und Kraftanlagenaktiengesellschaft, eine Tochtergesellschaft der Deutschen Bank, die Wertpapiere übernahm, um sie weiter zu begeben. Die Modalitäten der Ausgabe der Aktien und Anleihen: Ausgabekurs, Bezugsrecht der Aktionäre, Eintritt der

Dividendenberechtigung und Einzahlung einerseits, Ausgabekurs, Kündigungsfrist, Auslosung, Tilgungsfrist und Rückzahlungskurs andererseits sind sehr verschieden gewesen und einige Male sind komplizierte Transaktionen vorgenommen worden, die den weit verzweigten Einfluß der Deutschen Bank beleuchten. Für das anfängliche Grundkapital und ebenso für 10 Millionen Vorzugsaktien, die für die Neubaustrecke Wittenbergplatz—Gleisdreieck verwendet werden sollten, sind während der „Vorbereitungszeit“ Bauzinsen gezahlt worden.

Trotzdem das Gesamtunternehmen mit privatem Kapital finanziert worden ist, hat die Gesellschaft für den Bau und Betrieb der Abzweigung Wittenbergplatz—Uhlandstraße einen einmaligen Zuschuß von 2,6 Millionen von der früheren Stadtgemeinde Charlottenburg erhalten, weil diese besonderen Wert auf die Strecke als Grundstock für eine spätere Linie längs des Kurfürstendamm legte. Für die Erweiterung der Westlinie von Bismarckstraße nach Reichskanzlerplatz mußten die beteiligten Grundbesitzer: die Stadtgemeinde Charlottenburg, der Forstfiskus und vor allem die Neu-Westendaktiengesellschaft, die auch von der Deutschen Bank zur Erschließung neuen Baugeländes in Westend als Terraingesellschaft gegründet worden war, eine Bürgschaft für Verzinsung und Tilgung der aufgewendeten Kapitalien und Deckung etwaiger Fehlbeträge übernehmen. Diese Gewährleistung wurde gefordert, da die neue Strecke wegen der noch dünnen Besiedlung des durchfahrenen Gebietes und des entsprechend schwachen Verkehrs zunächst nur geringe Ertragsaussichten bot. In gleicher Weise hatte schon früher die Firma Siemens & Halske eine 4%ige Zinsgarantie für das erste Jahr nach Eröffnung des vollen Betriebes auf der Stammstrecke geleistet. An der Schaffung eines Gemeinschaftsbahnhofs auf dem Nollendorfplatz hat sich die frühere Stadtgemeinde Schöneberg nach Maßgabe ihres Interesses mit Kapital beteiligt. Durch diese ausnahmsweisen Zuschüsse von außen her, die keineswegs Unterstützungen gleichkommen — denn wenn sie nicht zugebilligt worden wären, hätte die Gesellschaft wahrscheinlich auf die Bauten verzichtet —, tritt aber keine Veränderung im Wesen der Hochbahngesellschaft ein. Sie ist im Gegenteil als ein Zweigunternehmen der Deutschen Bank ein Beispiel für die moderne hochkapitalistische Finanzverklettung, bei der sich verschiedenartige Unternehmungen eines Finanzkonzerns aneinander beteiligen. Um die Deutsche Bank gruppieren sich hier, soweit erkennbar, die Hochbahngesellschaft, die Neu-Westendaktiengesellschaft und die Elektrische Licht- und Kraftanlagenaktiengesellschaft. Die Hochbahngesellschaft ist ihrerseits wiederum an der Allgemeinen Berliner Omnibusaktiengesellschaft namhaft beteiligt. Durch den Unternehmungsmut des privaten Großkapitals hat immerhin

Berlin eine Schnellbahn bekommen, obwohl für ihr Zustandekommen außerordentlich hohe Summen nötig waren.

Durchschnittlich sind die Baukosten einschl. des Grunderwerbs für 1 km auf etwa 4,6 Millionen ℳ zu stehen gekommen. Indessen ist der Bau der Untergrundstrecken noch erheblich teurer gewesen. Für das Stück Leipziger Platz—Spittelmarkt hat der Kilometer 10,5 Mill. und für Spittelmarkt—Alexanderplatz sogar 11 Mill. gekostet; in diesem Abschnitt liegt die Untertunnelung der Spree. Der Durchschnittssatz ermäßigt sich infolge der niedrigeren Baukosten für die Hochbahn; die 1,5 km Hochbahn der Nordstrecke erforderten z. B. nur 3,4 Mill., d. h. $2^1/_3$ Millionen für den Kilometer. Die Aufwendungen für die Betriebseinrichtungen, die Anlagen zur Kraftversorgung, den Wagenpark und die Betriebsbahnhöfe bewegten sich etwa zwischen 17 und 25 % der Baukosten einschl. des Grunderwerbs. Alle diese Kostenbeträge sind jedoch auf den einzelnen Linien verschieden und werden bedingt durch die natürlich gegebenen Verhältnisse und die technischen Möglichkeiten. Auf der Strecke Spittelmarkt-Nordring wurden z. B. allein für Verlegung und Umänderung von Leitungen und Kanälen, insbesondere der Entwässerungsanlagen 3 Mill. verausgabt. Die Bauausführung sämtlicher Linien lag in den Händen von Siemens & Halske und in der Anfangszeit auch der Betrieb. Seit Anfang 1903 betreibt die Gesellschaft ihre Linien (1922: 27,4 km) selbst einschl. einer Flachbahn, die von ihr im Anschluß an den Endbahnhof Warschauer Brücke als Zubringerlinie nach Lichtenberg angelegt worden ist (3,8 km). Dazu kommt die Betriebsführung auf den erwähnten kommunalen Schnellbahnen (10,2 km).

Außer den Verkehrseinnahmen hat die Gesellschaft solche auch aus Verkauf, Verpachtung und Vermietung von Grundstücken und Häusern, Verpachtung von Bahnhofsräumen, Verkaufsständen, Viaduktbögen, durch Reklameflächen, durch Beteiligung an anderen Unternehmungen usw. Im ganzen hat die Hochbahngesellschaft immer eine günstige und steigende Rente erzielt, die nur durch die Wirkungen des Krieges etwas gedrückt wurde. Die Dividende auf die Stammaktien betrug in den Jahren 1903 bis 1921: 3½, 4, 4½, 5, 5, 5, 5, 5½, 5¾, 6, 6, 4½, 4, 3, 3½, 5½, 5½, 5½, 5½ %. Dieses Schnellbahnunternehmen steht also privatwirtschaftlich gesund da und hat sich allgemeinwirtschaftlich als nützlich, ja notwendig erwiesen.

Im Gegensatz zu solchen städtischen Verkehrsunternehmungen für den Personenverkehr ist es spezifisch für die nebenbahnähnlichen Kleinbahnen, daß neben privatem Kapital in mehr oder minder starkem Grade öffentliches Kapital beteiligt ist. Darin drückt sich das andersgeartete Wesen dieser Bahnen aus. Nur in verhältnismäßig seltenen Fällen gewährt eine nebenbahnähnliche Kleinbahn eine günstige Aussicht auf Rentabilität. Sollen diese kleinsten öffentlichen Bahnen im Interesse der wirtschaftlichen Erschließung und Hebung abseits gelegener Gebiete gebaut werden, so ist eine finanzielle Unterstützung aus öffentlichen Mitteln eine notwendige Voraussetzung. Erst durch diese wird die Entstehung überhaupt erst ermöglicht und auch ein Anreiz zur Beteiligung von privatem Kapital gegeben. Grundsätzlich stehen hier also die volkswirtschaftlichen Gesichtpunkte im Vordergrund. An der Aufbringung des Anlagekapitals können von den öffentlichen Körperschaften im allgemeinen teilhaben: Gemeinden, Städte (Stadtgemeinden und Stadtkreise), der Staatsfiskus als Zunächstbeteiligter, Landkreise, Provinzen, der preußische Staat und seit kurzem auch das Reich.

Der übergroße Teil aller preußischen Unternehmungen von nebenbahnähnlichen Kleinbahnen hat die Form gemischtwirtschaftlicher Finanzierung. Je nach Umfang, Bedeutung und sonstigen Verhältnissen einer nebenbahnähnlichen Kleinbahn sind die einzelnen Faktoren beteiligt; größere Bahnen werden auch durch mehrere Städte, Kreise, ja, auch Provinzen unterstützt. Die Art der Beteiligung wird wesentlich bestimmt durch die organisatorische Form einer Unternehmung, und umgekehrt wird diese wieder entschieden durch das Überwiegen des einen oder anderen Finanzierungsfaktors. Als Eigentümer schalten Staat sowie Provinzen aus, auch wenn einige von ihnen die Betriebsführung von in ihrem Gebiete gelegenen Kleinbahnen übernommen haben. Die Unterstützung durch die Provinzen kann unmittelbar oder mittelbar erfolgen, entweder in einer Barunterstützung oder in einer Zinsbürgschaft oder einem Zinszuschuß oder auch bei Gesellschaftsunternehmungen in einem Darlehen an einen Kreis bestehen, um diesem die Beteiligung und die Wahrung des Verkehrsinteresses des Kreises zu ermöglichen. Hier werden die beiden Unterstützungsarten gleichgestellt, obwohl z. B. eine Zinsbürgschaft erst während des Betriebes wirksam wird oder auch wegen günstiger Rentabilität gar keine praktische Bedeutung zu erlangen braucht. Auch durch eine mittelbare Unterstützung wird das Zustandekommen einer Bahn gesichert. Die nebenbahnähnlichen Kleinbahnen stehen also bei gemischtwirtschaftlicher Form im Eigentum eines Kreises, einer Stadt oder Gemeinde, auch mehrerer Städte oder Gemeinden oder einer Privatgesellschaft. Sind mehrere Kommunen Eigentümer, dann wird zum Teil ein besonderer Kleinbahn- oder Zweckverband geschaffen. Eine nebenbahnähnliche Kleinbahn in Gesellschaftseigentum braucht aber keineswegs in erster Linie durch privates Kapital finanziert zu sein. Oft wird auch bei Kreiskleinbahnen eine Gesellschaftsform gewählt in der Weise, daß sich die Mehrheit der Kapitalsanteile in der Hand des Kreises oder zusammen mit Städten usw. befindet. Ein solches Verfahren rechtfertigt sich wegen der größeren Beweglichkeit, Anpassungsfähigkeit und kaufmännisch gewinnbringenderen Verwaltung eines Gesellschaftsunternehmens. Diese haben die Form der Aktiengesellschaft und Gesellschaft mit beschränkter Haftung; jene machen den größeren Teil aus, diese sind fast ausschließlich in den westlichen Provinzen gegründet worden. Der Begriff der Unterstützung aus öffentlichen Mitteln ist also nicht klar bestimmt. Bei einem Unternehmen eines Kreises geben Staat, Provinz, eine Stadt oder Gemeinde als Zunächstbeteiligte eine öffentliche Unterstützung, umgekehrt Staat, Provinz und Kreis bei einem städtischen oder privaten Gesellschaftsunternehmen. Jede Aufwendung öffentlicher Mittel für Kleinbahnzwecke braucht nicht immer eine Unterstützung im eigentlichen Sinne zu sein, vielmehr richtet sich ihre begriffliche Feststellung nach der Eigentumsform der Unternehmung. Beihilfen des Staates und der Provinzen sind jedoch immer Unterstützungen.

Die hauptsächlichsten Eigentumsformen bei den oben aufgeführten Finanzierungsformen der nebenbahnähnlichen Kleinbahnen sind nun folgende: Bei einem Zusammenwirken von Staat, Provinz, Kreis, Zunächstbeteiligten und sonstigem Kapital sind von 67 gesondert finanzierten Bahnen 64 Gesellschaftsunternehmungen (davon 56 A.-G.) und nur 3 kommunale Unternehmungen. Bei Nichtbeteiligung der Gruppe „in sonstiger Weise" stehen 28 Gesellschaftsunternehmungen (davon 19 A.-G.) 19 Kreisbahnen und eine in Privatbesitz gegenüber. Das Verhältnis verschiebt sich bei Beteiligung von Staat, Provinz, Kreis und sonstigen Kapitalkräften: Die Kreisunternehmungen machen über die Hälfte aus, 9 zu 17 Gesellschaftsunternehmungen (davon 12 A.-G.). Bei den in geringer Zahl vorkommenden Kombinationen von

Staat	Provinz	—	Zunächstbeteiligte	In sonstiger Weise
Staat	—	Kreis	Zunächstbeteiligte	In sonstiger Weise
Staat	—	—	Zunächstbeteiligte	In sonstiger Weise
Staat	—	—	—	In sonstiger Weise
—	Provinz	Kreis	Zunächstbeteiligte	In sonstiger Weise
—	—	Kreis	Zunächstbeteiligte	In sonstiger Weise
—	—	Kreis	Zunächstbeteiligte	—
—	—	Kreis	—	In sonstiger Weise

handelt es sich ausschließlich um Gesellschaftsunternehmungen. Beide Eigentumsformen, Gesellschafts- und Kommunalunternehmung sind nebeneinander vertreten, diese jedoch seltener, bei den Mischformen:

Staat	Provinz	—	Zunächstbeteiligte	—
—	Provinz	Kreis	—	In sonstiger Weise
—	Provinz	—	Zunächstbeteiligte	In sonstiger Weise

Die Kommunalunternehmungen verschwinden auch bei einer Finanzierung nur durch Zunächstbeteiligte und sonstige Kapitalgeber, das Verhältnis ist 4 : 16. Die drei vorhandenen Bahnen, an denen Provinz, Kreis und Zunächstbeteiligte sich finanziell beteiligt haben, sind sämtlich Kreisunternehmungen; zwei davon stehen im Gesamteigentum zweier Landkreise und eines Stadtkreises; bei der Kombination Provinz und Zunächstbeteiligte sind drei Bahnen Kommunal- und eine eine Gesellschaftsunternehmung. Eine Eigentümlichkeit findet sich bei einer Kleinbahn im Regierungsbezirk Cassel, die durch Staat, Provinz und Zunächstbeteiligte finanziert (durch letztere allerdings nur in sehr geringem Umfange) und trotzdem Eigentum des Kreises ist.

Im allgemeinen läßt sich bei der Betrachtung der beteiligten Finanzierungsfaktoren und der Höhe der einzelnen Kapitalsanteile sowie der Unternehmungsform immer nur ein annäherndes Bild von dem wirklichen Gepräge eines einzelnen Unternehmens gewinnen, denn die äußere Form kann nach Zweckmäßigkeitsgründen gewählt sein und finanzielle Verschiebungen, vor allem bei Aktiengesellschaften, sind leicht möglich. Wie sollen zum Beispiel generell Unternehmungen beurteilt werden, bei denen, wie häufig in den westlichen Provinzen, die Landesbank einem Kreise oder einer Stadt Darlehen in voller oder teilweiser, jedoch immer erheblicher Höhe des anteiligen Kreiskapitals und die Provinz selbst einen Jahreszuschuß zur Verzinsung und auch Tilgung dieser Darlehen gibt? Nur bei Berücksichtigung aller besonderen Verhältnisse kann für jeden Einzelfall ein Urteil gefunden werden.

Einfacher ist es bei Straßenbahnen. Entweder ist eine private Erwerbsgesellschaft oder eine Stadt Eigentümer. Der Wirkungskreis und die verkehrliche Bedeutung einer Straßenbahn ist für gewöhnlich erheblich enger und begrenzter als bei der nebenbahnähnlichen Kleinbahn. Wenn bei dieser etwa der Kreis oder ein größerer Teil desselben das Verkehrsgebiet ist, so deckt sich bei jener die Einflußsphäre durchschnittlich mit dem Weichbild der Stadt einschl. der Vororte und erweitert sich nur in Rheinland und Westfalen wegen der Dichtigkeit der Besiedelung auch auf nahe gelegene größere Städte. Daher stehen die Straßenbahnen dort häufig im Eigentum mehrerer Städte oder Gemeinden, wozu im Regierungsbezirk Münster noch des öfteren der Kreis als Miteigentümer kommt. In einem Fall ist das Eigentum sogar zwischen einer Aktiengesellschaft und einer Stadt geteilt. Wegen der im allgemeinen nur städtischen Bedeutung der Straßenbahnen ist die Unterstützung durch Staat und Provinz sehr beschränkt. Der preußische Staat ist, wie schon erwähnt, nur in zwei besonderen Fällen an der Finanzierung beteiligt; in Emden war er anscheinend an der Verbindung zum Hafen und in Plaue an dem Anschluß an die Landesirrenanstalt interessiert. Grundsätzlich ist sonst eine Staatsunterstützung für Straßenbahnen abgelehnt worden. An zwei weitere preußische Bahnen haben noch andere Bundesstaaten Zuschüsse gegeben, das eine Mal das Großherzogtum Hessen, das andere Mal das Fürstentum Lippe; das entspricht den Unterstützungen, die auch mehrere nebenbahnähnliche Kleinbahnen, die auf fremdes Gebiet hinüberreichen, z. B. vom Herzogtum Braunschweig, erhalten haben. Die Straßenbahnen, die durch Provinzen unterstützt worden sind, liegen hauptsächlich im Regierungsbezirk Düsseldorf. Die Beihilfe besteht in einem Zuschuß zur Verzinsung.

Einige Straßenbahnen befinden sich auch im Eigentum eines Kreises (daran läßt sich erkennen, wie fließend die Grenze zwischen Straßenbahn und nebenbahnähnlicher Kleinbahn sein kann), eine einzige, Bochum—Herne, im Gesamteigentum der Provinz Westfalen und des Stadt- und Landkreises Bochum. Das ist der eine Ausnahmefall, daß auch eine Provinz eine Kleinbahn besitzt. Bei den Bahnen, die durch die Zunächstbeteiligten und in sonstiger Weise finanziert werden, sind zur Hälfte Kommunen Eigentümer.

Zur Veranschaulichung der gemischten Finanzierung von Kleinbahnen und gleichzeitig zur Aufzeigung der Entwicklungstendenzen soll auch hier ein praktisches Beispiel gegeben, und zwar die Entstehung und der Aufbau der Kleinbahnen der Kreise Ost- und Westhavelland in großen Zügen geschildert werden.

Die folgende Übersichtskarte macht die einzelnen Linien kenntlich, die, nacheinander entstanden, schließlich ein zusammenhängendes Kleinbahnnetz darstellen und von einem Betriebsunternehmer einheitlich betrieben werden. Die Stammlinie ist die Strecke Nauen—Ketzin (Doppellinie), daran schloß sich Röthehof—Brandenburg, Krakauer Tor mit Abzweigung Roskow—Brandenburg, Altstadt, an (Doppellinie mit Querstrichen), zum größten Teil im Kreise Westhavelland gelegen; dann wurde das Kleinbahnsystem über Nauen hinaus in den nördlichen Teil des Kreises Osthavelland ausgebaut: Nauen—Velten (dick schwarz mit Zacken) und endlich die Abzweigung Bötzow—Spandau (dick schwarz) geschaffen. Die drei letzten Strecken werden im nächsten Abschnitt behandelt werden.

Die Kleinbahn Nauen—Ketzin verdankt ihre Entstehung der Initiative eines Privatunternehmens. Die Zuckerfabrik in Nauen hatte die Absicht, zur Nutzbarmachung des Wasserweges der Havel für ihre Rüben- und Zuckertransporte eine schmalspurige Feldbahn von Nauen nach Ketzin zu bauen. Der Kreis Osthavelland griff diesen Plan auf und wollte die Gelegenheit benutzen, um durch größeren Ausbau dieser Linie und Einrichtung für den öffentlichen Verkehr der Stadt Ketzin den schon lange gewünschten Bahnanschluß zu verschaffen und die zwischen den beiden Städten liegenden Ortschaften dem allgemeinen Verkehr zu erschließen. Noch vor Erlaß des Kleinbahngesetzes einigten sich im Mai 1892 alle an der Bahn Interessierten, eine normalspurige Kleinbahn zunächst für den Güterverkehr, später auch für den Personenverkehr herzustellen und zu diesem Zweck eine Gesellschaft zu bilden. Die Gründung der Aktiengesellschaft Osthavelländische Kreisbahnen erfolgte im August 1892 mit einem Grundkapital von 700 000 *M.*, wovon

der Kreis Osthavelland	250 000 *M.*,
die Stadt Nauen	100 000 „
„ „ Ketzin	100 000 „
„ Zuckerfabrik Nauen	100 000 „
ein Ziegeleibesitzer aus Ketzin	100 000 „
der Bauunternehmer Lenz	50 000 „

zeichneten.[1]) Der zum Bahnbau erforderliche Grund und Boden wurde von den beteiligten Städten, Landgemeinden und Gutsbezirken unentgeltlich hergegeben bzw. die Kosten für Grunderwerb der Gesellschaft erstattet. Eine Gemeinde trug nur die Hälfte der Grunderwerbskosten auf ihrem Gebiete. Die Einträglichkeitsberechnung ergab eine 5 %ige Verzinsung des Anlagekapitals. Die Bahn wurde so einfach wie möglich, jedoch dauerhaft und erweitungsfähig hergestellt. Das Gelände bereitete keine großen Schwierigkeiten, fast 34 % der 16,5 km (heute 17,2 km) langen Strecke liegen in der Horizontalen — die größte Steigung ist allerdings 1 : 90 — und 69 % in gerader Linie. Der kleinste Krümmungshalbmesser ist 200 m. Neben kleineren Durchlässen war nur eine größere Brücke, die Überführung über die staatliche Lehrter Bahn, erforderlich. Sieben Bahnhöfe wurden angelegt, der Anschluß an die Staatsbahn in Nauen (Hamburger Bahn) hergestellt. Die Ausrüstung der Bahn mit Betriebsmitteln wurde auf das Notwendigste beschränkt: 3 Lokomotiven, 3 Personenwagen und 35 Güterwagen, da der Hauptverkehr durch umfangreiche Rüben-, sowie Ziegel- und Milchtransporte zu erwarten war.

Schon das erste Betriebshalbjahr 1893/94 zeigte, daß die Anlage den Güterverkehr nicht bewältigen konnte. Zudem hatte die Zuckerfabrik Nauen eine Erweiterung ihres Unternehmens beschlossen. Der Anschlußbahnhof Nauen mußte vollständig umgebaut, Nebengleise auf den übrigen Stationen verlängert und neu angelegt, die Hafenanlagen in Ketzin erweitert, die Betriebsmittel vermehrt und sonstige bauliche Ausgestaltungen vorgenommen werden. Des weiteren wurde bald darauf ein neuer Anschluß an die Staatsbahn (Lehrter Bahn) von Röthehof aus hergestellt, der eine Erleichterung der Übernahme großer Mülltransporte aus Berlin

[1]) An eine Unterstützung durch Staat und Provinz war damals noch nicht zu denken.

bringen sollte. Das Kapital für diese Neuanlagen wurde 1899 durch eine Erhöhung des Aktienkapitals um 180 000 *M.* beschafft. Der Kreis Osthavelland zeichnete davon 120 000 *M.*, die restlichen 60 000 *M.* Privatpersonen aus dem Kreise. Indessen noch im gleichen Jahre mußte eine abermalige Erhöhung stattfinden. Der Wagenpark, vor allem die Zahl der offenen Güterwagen, wurde ganz beträchtlich vermehrt (von ursprünglich 35 auf 108) und auch der Oberbau mußte verstärkt werden (stärkere Laschen, Vermehrung der Schwellen und Einbau schwererer Schienen in scharfen Gleiskrümmungen), da er für den seit der Betriebs-

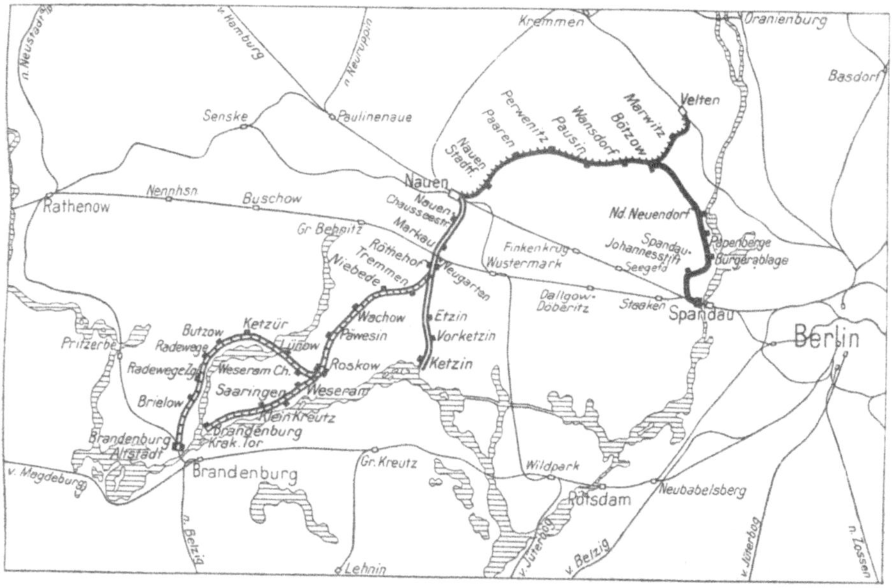

eröffnung stark gewachsenen Verkehr nicht mehr ausreichte. Die neu ausgegebenen Aktien in Höhe von 220 000 *M.*, durch die das Aktienkapital auf 1 100 000 *M.* gebracht wurde, übernahm der Kreis Osthavelland allein. Zwischen diesen beiden Kapitalserhöhungen war die Ausgabe von Aktien in Höhe von 1 150 000 *M.* beschlossen worden, um die Bahn über Ketzin hinaus nach Wildpark auszubauen. Da jedoch durch dieses Projekt die Anregung zum Bau der staatlichen Nebenbahn Wildpark—Nauen gegeben wurde und dieses dadurch hinfällig geworden war, wurde der Beschluß wieder rückgängig gemacht. Bis heute ist das Aktienkapital unverändert geblieben, wenn auch in der Folgezeit ständig Verbesserungen, Erweiterungen usw. ausgeführt worden sind. Ein Verkehrsunternehmen ist eben nichts Starres, das seinen ursprünglichen Zustand nicht verändert, sondern muß sich gerade immer den auftretenden Bedürfnissen anpassen und dabei möglichst zweckmäßig gestaltet sein, wenn es seine wirtschaftliche Funktion erfüllen und auch eine angemessene Rente erzielen will.

Die Kleinbahn Nauen—Ketzin hat stets, auch während der Kriegszeit, trotz Betriebseinschränkungen und sonstigen Hemmnissen und in der Nachkriegszeit einen solchen Überschuß abgeworfen, daß eine ziemlich gleichbleibende günstige Dividende verteilt werden konnte: 1894 bis 1908 5 %, 1908 bis 1912 4½ %, 1912/13 5 %, 1913 bis 1920 4½ %, 1920/21 3 %. Diese Bahn, die als Typ einer ländlichen Kleinbahn angesprochen werden kann, hat sich ihren Verkehrsaufgaben gewachsen gezeigt. Heute gehen von ihr 8 Privatanschlußgleise aus, durch die das Gedeihen verschiedenartiger Unternehmungen gefördert wird: zwei Zuckerfabriken, ein Gut, eine große Baumschule, eine Ziegelei usw.

Die zunehmende Bedeutung der Bahn für die allgemeine Wohlfahrt des Kreises drückt sich auch in den finanziellen Grundlagen des Unternehmens aus, obwohl dessen Eigentumsform die gleiche geblieben ist. An Hand der Aktienanmeldungen zu den Generalversammlungen läßt sich verfolgen, wie der Kreis Osthavelland die Kleinbahn immer mehr unter seinen Einfluß und in seine Hand gebracht hat. Die Bewegung vollzog sich folgendermaßen: der Kreis war beteiligt

1894	mit	250 000 ℳ	bei 700 000 ℳ Aktienkapital
1895	„	370 000 „	
1897	„	473 000 „	
1898	„	728 000 „	„ 1 100 000 „ „
1900	„	953 000 „	
1904	„	954 000 „	
1909	„	964 000 „	
1917	„	1 034 000 „	
1919	„	1 038 000 „	
1921	„	1 038 000 „ [1])	

Von den restlichen 62 000 ℳ Aktien haben sich 1921 37 000 ℳ in der Hand des Generaldirektors der Zuckerfabrik Nauen und 5000 ℳ in der Hand eines früher als Gutsbesitzer an der Bahn interessierten Privatmannes nachweisen lassen. Die übrigen 20 000 ℳ Aktien befinden sich wahrscheinlich — die Aktien sind Inhaberaktien — verstreut im Besitz einzelner Privatpersonen aus dem Kreise. Besaß der Kreis Osthavelland zur Zeit der Entstehung des Unternehmens nur etwas über ⅓ der Aktien, so beherrscht er es heute durch seine überwältigende Aktienmehrheit vollkommen. Die Entwicklung hat sich also in Richtung auf das öffent-

[1]) Nach den neuesten amtlichen statistischen Angaben soll der Kreis nur mit 844 000 ℳ beteiligt sein. Daraus ergibt sich der nur bedingte Wert dieser Zahlenangaben.

liche Eigentum bewegt und die Bahn muß als Kreisunternehmen bezeichnet werden, wenn sie auch formell im Eigentum einer besonderen Gesellschaft steht und auch heute noch privates Kapital beteiligt ist.

Dieses Beispiel zeigt, daß aus der äußeren Form nicht unbedingt auf den inneren Kern einer Kleinbahn geschlossen werden kann. Selbst bei gemischter Finanzierung und einer Gesellschaftsform kann eine nebenbahnähnliche Kleinbahn eigentlich kommunaler Natur sein.

Klar erkennbar wird der Grundcharakter aber, wenn eine solche Bahn im Eigentum eines Kreises oder einer Stadt steht und an der Aufbringung der Mittel nur öffentliche Verbände beteiligt sind, und auch dann, wenn trotz ausschließlich öffentlichem Kapital aus irgendwelchen Gründen das Unternehmen in eine Gesellschaftsform gekleidet ist. Nach dem zitierten statistischen Material befanden sich von 28 nebenbahnähnlichen Kleinbahnen, deren Anlagekapital durch Staat, Provinz und Kreis aufgebracht ist, 19 im Eigentum der Kreise, für 9 war eine besondere Gesellschaft gebildet. Die 8 Unternehmungen, die durch Provinz und Kreis finanziert worden sind, sind sämtlich in der Hand der Kreise; bei ihnen allen besteht die provinzielle Unterstützung in einem Jahreszuschuß zur Verzinsung von Darlehen, die die Landesbank gewährt hat. Die Zahl der Unternehmungen, die allein durch eigene Mittel von Kreisen, sei es unmittelbar oder durch Anspannung des Kredits, durch Anleihen, ins Leben gerufen sind, ist gering; es sind nur 4 Bahnen. Diese Tatsache ist dadurch zu erklären, daß die Kreise im allgemeinen nicht über die entsprechenden Geldmittel verfügen, um die meist bedeutenden Anlagesummen aus eigener Kraft flüssig zu machen. Unter den nur durch Zunächstbeteiligte finanzierten 22 Kleinbahnen finden sich 12 städtische und 1 gemeindliche Bahn. Außerdem aber sind auch unter den Unternehmungen, die durch Staat, Provinz und Kreis in Verbindung mit Zunächstbeteiligten oder andere Kombinationen aus diesen Gruppen finanziert sind, noch solche, in denen nur öffentliches Kapital steckt; wie schon gesagt, sind in dem Sammelbegriff „Zunächstbeteiligte" auch Städte, Gemeinden und der Staat als Fiskus enthalten. Eine bis ins kleinste genaue Gesamtübersicht ist wegen der Art der Statistik nicht zu gewinnen und ließe sich nur durch Nachprüfung jeder einzelnen Bahn ermöglichen.

Bei den Straßenbahnen erscheint unter der Finanzierungsgruppe Zunächstbeteiligte ein großer Teil. Von den 56 Bahnen befanden sich 46 im Eigentum von Städten, Gemeinden, auch mehreren Städten oder Gemeinden zusammen. Die 8 Straßenbahnen im Rheinland, an denen die Zunächstbeteiligten und die Provinz beteiligt sind, hatten sämtlich Städte als Eigentümer; die mittelbare Unterstützung durch die Provinz besteht in einem Jahreszuschuß zur Verzinsung der von der Landesbank gewährten Darlehen. Straßenbahnen, die Kreise allein gebaut haben und besitzen, gab es nur zwei. Bei den übrigen Finanzierungsformen, bei denen neben Staat, Provinz, Kreis oder einer oder mehreren dieser Gruppen auch Zunächstbeteiligte Kapital aufgebracht haben, sind diese immer öffentliche Körperschaften: Städte und Gemeinden. Diese Fälle kommen aber selten vor.

Die Betrachtung der Kleinbahnen, die nur mit öffentlichem Kapital geschaffen sind, ergibt folgenden grundsätzlichen Unterschied: Nebenbahnähnliche Kleinbahnen werden von den Kreisen, Straßenbahnen von den Städten gebaut. Damit wird die Verkehrsbedeutung dieser beiden Kleinbahntypen zur Genüge gekennzeichnet.

Um Beispiele für die gemeinwirtschaftliche Form von Kleinbahnen zu geben, folgt hier die Schilderung der übrigen Bahnen des im vorigen Abschnitt erwähnten Kleinbahnnetzes.

Im Anschluß an die Strecke Nauen—Ketzin entstand 8 Jahre später eine weitere Linie, die hauptsächlich dem Nachbarkreis Westhavelland Verkehrserleichterungen bringen sollte. Der Zweck der Bahn war, nach Westen hin eine bequemere Verbindung mit der Stadt Brandenburg, vor allem zur Verarbeitung von Getreide in den dortigen Wassermühlen zu schaffen und nach Osten hin — dorthin liegt die eigentliche Orientierung dieser Bahn — den Transport der in großer Menge gewonnenen Zuckerrüben nach der Zuckerfabrik Nauen zu verbessern sowie den Weg sonstiger landwirtschaftlicher Erzeugnisse (Milch, Kartoffeln usw.) und auch von Ziegelsteinen nach der Reichshauptstadt über die Hamburger und Lehrter Bahn zu verkürzen. Außerdem wurde dadurch die Länge der Schienenwege zwischen den Städten Brandenburg und Nauen beträchtlich verringert. Die neue Strecke ging von der bestehenden in Röthehof (etwa auf halber Strecke) ab — eine ursprünglich noch geplante Abzweigung von Ketzin wurde fallen gelassen —, verlief nördlich der Havel nach Brandenburg und hatte eine Abzweigung von Roskow über die nördlich des langgestreckten Beetzsees gelegenen Dörfer nach der Altstadt von Brandenburg. Dort wurde der Anschluß an den Bahnhof der Brandenburgischen Städtebahn, einer privaten Nebenbahn, hergestellt.

Auch diese Kleinbahn ist eine ausgesprochen ländliche; in dem von ihr durchzogenen Gebiet wird hauptsächlich Ackerbau getrieben und besonders der Rübenbau gepflegt; außerdem sind als landwirtschaftliche Nebengewerbe Ziegeleien und Brennereien vorhanden. Die Gesamtlänge der beiden eingleisigen und normalspurigen Teilstrecken beträgt 45,6 km.

Die Finanzierung hat sich hier anders gestaltet als bei der Stammstrecke. Inzwischen war die Möglichkeit einer Unterstützung durch Staat und Provinz eröffnet worden und die Erfahrungen der ersten Jahre des Kleinbahnbaues und -betriebes hatten ergeben, daß nebenbahnähnliche Kleinbahnen, die in erster Linie allgemeinwirtschaftliche Ziele erreichen sollen, vornehmlich durch öffentliche Verbände, und zwar durch die Kreise angelegt werden müssen. Der Kreis Westhavelland beschloß daher, den Bau von sich aus zu unternehmen. Er selbst aber war finanziell nicht in der Lage, die Mittel allein aufzubringen. So wurde staatliche und provinzielle Beihilfe in Anspruch genommen. Nach den allgemeinen Grundsätzen gab der Staat nur soviel wie die Provinz und diese wieder trug die Hälfte des vom Kreise aufgebrachten Anlagekapitals bei. Die Kosten für Grunderwerb wurden dabei nicht mit in das aufzubringende Kapital eingerechnet. Die Finanzierung vollzog sich also folgendermaßen:

der Kreis Westhavelland brachte auf	1 025 000 ℳ	= 1/2,
der preußische Staat	512 500 „	= 1/4,
die Provinz Brandenburg ebenfalls	512 500 „	= 1/4,
dazu kam eine Beihilfe der Stadt Brandenburg von	100 000 „	

Die Beiträge des Staates und der Provinz wurden als Beteiligung gegeben. Dem Anteile des Kreises wurde eine Bevorrechtung zugesprochen: Aus dem jährlichen Reingewinn entfiel auf ihn vorab eine Verzinsung bis zu 2 % seiner Beteiligung. Aus dem weiteren Reingewinn sollten die Anteile des Staates und der Provinz mit 2 % verzinst werden und dann noch verbleibende Überschüsse zur gleichmäßigen Verzinsung aller Kapitalbeträge bis zur Höhe von 1½ % verwendet werden. Ein etwaiger Rest des Reingewinns sollte schließlich allen Beteiligten zur entsprechenden Kapitalstilgung zufallen. Als Höchstverzinsung war also 3½ % festgesetzt. Die Stadt Brandenburg erhielt anteilsmäßig die gleichen Vorrechte wie der Kreis. Die übrigen an die Beihilfe geknüpften Einzelbedingungen waren bei Staat und Provinz die gleichen. Die Zunächstbeteiligten: die Landgemeinden, Güter und die Stadt Brandenburg hatten den zum Bau erforderlichen Grund und Boden unentgeltlich und lastenfrei herzugeben. Schwierigkeiten entstanden dabei nur auf Brandenburger Stadtgebiet, wo zur Enteignung geschritten werden mußte. Das Gelände ist bei dieser wie bei den anderen Bahnen des Kleinbahnnetzes grundsätzlich durch Auflassung als Eigentum übertragen worden, nicht nur für die Dauer des Betriebes zur Verfügung gestellt. Die Zunächstbeteiligten hatten außerdem eine Zinsbürgschaft für die Hälfte des Fehlbetrages an einer 3½ %igen Verzinsung des vom Kreise aufgebrachten Baukapitals nach Maßgabe der Kreissteuern zu übernehmen.

Diese mittelbare Unterstützung des Kreisunternehmens hat von Anfang an, besonders aber seit 1914, praktische Bedeutung gehabt. Seit

Kriegsausbruch sank der erzielte Reingewinn [1]), der bis dahin auch eine mäßige Verzinsung der Staats- und Provinzanteile zugelassen hatte — die Ertragsberechnung hatte eine Verzinsung des Gesamtanlagekapitals mit 2,6 bis 3 % in Aussicht gestellt —, schnell von Jahr zu Jahr und seit 1916, mit Ausnahme des Geschäftsjahres 1918/19, hat er gänzlich aufgehört. Einem Betriebsüberschuß [2]) von rund 52 800 *M.* im Jahre 1913/14 stand schließlich 1920/21 ein Fehlbetrag von 325 000 *M.* gegenüber. Die Zinsbürgschaft mußte von den interessierten Gemeinden schon aus dem Grunde übernommen werden, weil der Kreis für seinen Kapitalsanteil in voller Höhe eine Anleihe bei der Provinz aufzunehmen gezwungen war, deren Zinsfuß sich auf 3½ % stellte. Die Summen, die der Kreis später noch über den ursprünglich festgesetzten Betrag hinaus ausgab, genossen entsprechend den Bedingungen für die Hergabe der Staatsbeihilfe nicht das Zinsvorrecht und seine Aufwendungen für Grunderwerb nahmen am Reingewinn überhaupt nicht teil.

Die Ausführung machte auch hier keine besonderen Schwierigkeiten, 87 % bzw. 76 % der Strecke liegen in der Geraden, 57 % bzw. 68,5 % in der Wagerechten. An größeren Brücken sind nur zwei hergestellt, davon eine zur Überquerung der Seenkette nördlich der Havel. Die Bahn liegt auf eigenem Bahnkörper. Nachdem die Firma Lenz die ersten Vorarbeiten ausgeführt hatte, wurde die endgültige Projektaufstellung und der Bau der Aktiengesellschaft Osthavelländische Kreisbahnen übertragen, da eine spätere einheitliche Betriebsführung durch diese beabsichtigt war.

Kurze Zeit danach entschloß sich auch der Kreis Osthavelland, eine Erweiterungslinie zur Strecke Nauen—Ketzin in den nordöstlichen Teil des Kreises auf eigene Rechnung zu bauen und zwar, da die spätere Fortführung der staatlichen Nebenbahn Treuenbrietzen—Wildpark—Nauen nach Kremmen ins Auge gefaßt war, von Nauen nach Velten. Nach dem Vorschlag des Kreisausschusses würde „die Herstellung dieser Kleinbahnlinie nicht nur einem bereits in erheblichem Maße vorhandenen und von den Einwohnern der berührten Ortschaften schon seit langer Zeit empfundenen Verkehrsbedürfnis abhelfen, sondern auch den lebhaften Wünschen aller Beteiligten entsprechen".

Die Finanzierung der eingleisigen, normalspurigen, 25,6 km langen Strecke kam ähnlich der vom Kreise Westhavelland gebauten Bahn zu-

---

[1]) Der Betrag, der von den Betriebseinnahmen nach Deckung der Betriebsausgaben einschl. Vergütung für Betriebsführung und Verwaltungskostenbeitrag und nach Abzug der Rücklagen für den Erneuerungs- und Reservefonds verbleibt.

[2]) **Differenz zwischen Betriebseinnahmen und Betriebsausgaben + Vergütung für Betriebsführung + Beitrag zu den allgemeinen Verwaltungskosten des Kreises.**

stande. Von den Gesamtbaukosten (Bahnanlage einschl. erster Ausrüstung, ausschl. Grunderwerb) trug der Kreis 524 879 *M.* = ½, der preußische Staat gab als Beteiligung 262 440 *M.* und die Provinz Brandenburg den gleichen Betrag. Dem Baukapital des Kreises wurde auch hier eine Vorzugsverzinsung von 2 % eingeräumt. Der Grund und Boden wurde entsprechend den Bedingungen für eine Beteiligung durch Staat und Provinz von den Zunächstbeteiligten unentgeltlich hergegeben. Zu ihnen gehörte auch der preußische Forstfiskus, dessen Gebiet in der Falkenhagener Forst durchschnitten wurde. Diese Überlassung von forstfiskalischem Gelände war jedoch beschränkt durch die vertraglich eingegangene und grundbuchlich eingetragene Verpflichtung des Kreises, diese Landstücke kostenlos wieder zurückzugeben, sobald sie für den Eisenbahnzweck entbehrlich werden sollten. Außerdem durfte der Fiskus zu keinerlei sonstigen Aufwendungen für die Beschaffung der Eisenbahngrundstücke und für die Dauer der Benutzung des fiskalischen Geländes auch nicht zu Steuern oder anderen öffentlichen Lasten, die auf dieses gelegt werden könnten, herangezogen werden. Der Kreis hatte die Kulturkosten der abgetretenen Stücke zu ersetzen und mußte die Haftung für alle aus dem Bahnbetriebe entstehenden Schäden, namentlich Feuerschäden, übernehmen. Als Gegenleistung für die Hergabe wurde zur Erleichterung der Holztransporte der Forstverwaltung eine besondere Ladestelle angelegt, die nur diesem Zweck, nicht dem öffentlichen Verkehr dient. Eine bare Unterstützung hat die Forstverwaltung nicht gegeben. Die zunächstbeteiligten Gemeinden mußten außer der Hergabe des Grund und Bodens auch eine Verzinsung des Kreiskapitals bis zu einer bestimmten Höhe (10 500 = 2 %) gewährleisten.

Ein besonderes Merkmal dieser Kleinbahn, die auch von der Aktiengesellschaft Osthavelländische Kreisbahnen gebaut worden ist, ist, daß ihr Anfangs- und Endpunkt an einen Staatsbahnhof anschließt, auf der einen Seite an den Bahnhof Nauen der staatlichen Hauptbahn Berlin—Hamburg, auf der anderen an den Bahnhof Velten der staatlichen Nebenbahn Berlin—Kremmen. Die Staatseisenbahnverwaltung ist bei der Einführung der Kleinbahn in ihre Bahnhöfe sehr entgegengekommen und hat für Überlassung fiskalischen Staatsbahngeländes sowie für Mitbedienung, Bewachung, Unterhaltung usw. der Anschlußanlagen teils nur geringfügige Anerkennungsgebühren, teils mäßige Pauschvergütungen, in den ersten 5 Betriebsjahren zum Teil sogar gar keine Entschädigungen verlangt. Auch bei der späteren Umgestaltung des Staatsbahnhofs Nauen, der eine vollkommene Änderung des Kleinbahnanschlusses bedingte und eine Zusammenlegung der beiden Anfangsbahnhöfe der Strecken Nauen—Velten und Nauen—Ketzin brachte, hat die Kleinbahn finanziell günstig abgeschnitten. Eine Erhöhung des Anlagekapitals ist erst im Geschäftsjahr 1919/20 infolge von Erweiterungsbauten eingetreten. An der Aufbringung dieser Kosten beteiligten sich auch wieder Staat und Provinz, und zwar im gleichen Verhältnis wie ursprünglich:

Kreis Osthavelland	27 900 *M*,
Provinz Brandenburg	13 000 „
Preußen	13 000 „

Privates Kapital ist also für die Kleinbahn überhaupt nicht herangezogen worden und selbst für die verhältnismäßig geringen Kosten für Erweiterungsbauten hat der Staat und Provinz Unterstützungen gegeben. Diese Strecke bot auch von vornherein keinen Anreiz für einen Privatunternehmer, denn die berührten Ortschaften sind nur kleine Dörfer und der Ackerboden der Gegend auch nicht sonderlich fruchtbar. Gewerbliche Betriebe sind nur in geringer Zahl an dieser Bahn interessiert. Heute haben in Nauen die städtische Gasanstalt, die Kreiselektrizitätswerke und eine Seifenfabrik, in Bötzow eine chemische Fabrik und eine Siedlungsvereinigung Anschlußgleise. Zwei früher bestehende Anschlüsse nach Müllabladeplätzen sind aufgehoben worden.

Es war zwar eine Rentabilität von fast 2 % errechnet worden, aber der Betriebsgewinn hat nur in den Jahren 1912 bis 1915 eine Verzinsung in dieser Höhe gestattet. In den Jahren 1908 bis 1910 war der Verzinsungssatz sogar niedriger als 1 %, wahrscheinlich weil 1908 größere Mülltransporte aufhörten und damit ein nicht unbedeutender Teil der bisher beförderten Mengen ausfiel. Ein Durchgangsverkehr, der sonst fehlende Einnahmen hätte ausgleichen können, war nach der Genehmigungsurkunde nicht erlaubt. Die Hebung des Ertrages nach 1910 ist zurückzuführen auf die Erweiterung dieser Strecke durch die Abzweigung Bötzow—Spandau, die wegen der unmittelbaren Verbindung mit der Stadt Spandau wieder größeren Verkehr brachte. Während der Kriegsjahre 1917/18 haben sich die Betriebsergebnisse verschlechtert und 1919/21 sind erhebliche Fehlbeträge wie bei vielen nebenbahnähnlichen Kleinbahnen eingetreten.

Die letzte Strecke dieses Kleinbahnnetzes ist zwar eigentlich nur eine Abzweigung der vorigen; sie ist auch gleichzeitig mit der Strecke Nauen—Velten im Jahre 1900 beschlossen worden, ist aber erst später zur Ausführung gelangt und hat im Laufe der Zeit einen anderen Charakter als diese bekommen. Sie war als notwendige Ergänzung der Strecke Nauen—Velten gedacht, um eine möglichst kurze Beförderungsmöglichkeit nach Spandau und Berlin herzustellen, denn der Weg über Velten oder Nauen war ein großer Umweg. Die Ausführung wurde durch die Umbaupläne für den Staatsbahnhof Spandau, an den die Kleinbahn anschließen sollte — die Einführung mußte bei der Neuanlage gleich mitberücksichtigt werden — verzögert und erst 1912 vollständig beendet.

Die endgültige Aufbringung des erforderlichen Baukapitals, das durch die Anlegung kostspieliger Brückenbauten für die Einführung in den Bahnhof Spandau eine starke Steigerung erfuhr, geschah nach den gleichen Grundsätzen wie bei der Strecke Nauen—Velten: der Kreis brachte 697 296 ℳ auf, Staat und Provinz gaben als Beteiligung je 348 648 ℳ und ebenfalls wurden 1919/20 die Kosten für Erweiterungsbauten in Höhe von 62 309 ℳ im Verhältnis ½ zu ¼ zu ¼ gedeckt. An der Hergabe des Baugeländes war auch hier der Forstfiskus beteiligt, der zwar keine Verladestelle für seine Zwecke, jedoch ausdrücklich die Anlegung und Unterhaltung von Feuerschutzstreifen[1]) verlangte. Besondere Schwierigkeiten beim Grunderwerb wurden durch einen Gutsbesitzer gemacht. Die Stadt Spandau hat, trotzdem die Bahn zu ungefähr der Hälfte auf ihrem Gebiete lag und sie besonders interessiert war, keine bare Unterstützung zu den Ausführungskosten beigetragen. Sie hat aber die Verpflichtung übernommen, innerhalb des Stadtbezirks den nötigen Grund und Boden aus Privatbesitz zu erwerben und diesen wie den städtischen (zum großen Teil Stadtforst) kosten- und lastenfrei zur Verfügung zu stellen. Weiter wurde eine Bürgschaft für eine Mindestverzinsung des Kreiskapitals vertraglich festgelegt, und zwar eine vierprozentige Verzinsung für etwa die Hälfte (340 000 ℳ, d. h. die ursprüngliche Höhe des Kreisanteiles ohne Berücksichtigung der Kosten für die Einführung in den Bahnhof Spandau) durch die Stadt zusammen mit den anderen zunächstbeteiligten Gemeinden auf die Dauer von 10 Jahren nach Betriebseröffnung, für den Rest durch die Stadt allein bis zur endgültigen Tilgung des Teilbetrages. Die zur Verzinsung und Tilgung verfügbaren Summen aus dem Reingewinn sollten zuerst auf den ersten Teilbetrag verwendet werden, so daß also eine langfristige Verzinsung des halben Kreisanlagekapitals durch die Stadt sichergestellt war. Sie übernahm diese Belastung, da ihr viel an dem Zustandekommen der Kleinbahn gelegen war, denn sonst hätte sie eine städtische Güterbahn aus eigenen Mitteln bauen müssen. Dafür soll ihr aber nach vollständiger Tilgung des gesamten Bahnkapitals der Reingewinn zur Hälfte zufallen. Die Betriebseinnahmen der Kleinbahn sollen nicht mit Kommunalabgaben, weder der Stadt noch des Kreises noch der Gemeinden belegt werden, so lange der Kreis Eigentümer der Bahn ist.

---

[1]) Vgl. Zeitschrift für Kleinbahnen 1905, Heft 3, S. 253.

Obwohl nach der Ertragsberechnung nur mit einer Verzinsung von 0,43 % des Anlagekapitals zu rechnen war, die sich später aber erhöhen sollte, hat nun diese Bahn trotz der geringen Länge von 17,2 km eine Entwicklung genommen, die weit über das erwartete Maß hinausging und sie unter die wenigen nebenbahnähnlichen Kleinbahnen einreihte, die einen guten Ertrag abwerfen. Charakteristisch ist für sie geworden, daß sie den Verkehr einer großen Zahl gewerblicher Unternehmungen nach dem Staatsbahnhof Spandau vermittelt. Einige Anschlußgleise, die schon vor ihrer Erbauung bestanden und die Verbindung mit der Staatsbahn durch ein Militäranschlußgleis gehabt hatten, wurden nach dessen Fortfall an die Kleinbahn verlegt. Ihre weitere günstige Gestaltung beruhte aber auf einem wechselseitigen Befruchtungsprozeß und war durch die glückliche Linienführung längs des Havelufers zwischen Nieder-Neuendorf und Spandau bedingt. So wurde das Gelände zwischen Kleinbahn und Wasserstraße geradezu zur Anlage gewerblicher Betriebe vorbereitet, da nun die doppelte Transportmöglichkeit zu Wasser (Großschiffahrtsweg Berlin—Stettin) und mit der Bahn bestand. Eine Fabrik nach der andern siedelte sich an und baute Anschlußgleise. Heute sind auf der kurzen Strecke zwischen Nieder-Neuendorf und Spandau 26 Anschlußgleise vorhanden, die den verschiedensten öffentlichen wie privaten Unternehmungen dienen: Zeugamt, Kreiskraftwerk, eine besondere städtische Anschlußbahn mit weiteren Nebenanschlüssen, Schlachthof, eine Gasanstalt, ein Stickstoffwerk, chemische Fabriken, Sägewerke, Holzhandlungen, Bauunternehmungen, eine Terraingesellschaft usw. Neben dem Güterverkehr hat aber auch der Personenverkehr und zwar der Ausflugsverkehr nach den städtischen Waldungen wie auch die Beförderung von Arbeitern eine bedeutende Ausdehnung gewonnen. Die enorme Steigerung des Betriebsüberschusses während des Krieges ist durch die umfangreichen Transporte von Kriegsmaterial hervorgerufen worden. Sowohl das Pulvermagazin in Nieder-Neuendorf wie das Artilleriedepot in Spandau mußten ihre Sendungen über die Kleinbahn rollen lassen.

Erreichte in dem ersten Geschäftsjahr des Betriebes auf der ganzen Strecke 1912/13 die Verzinsung des Anlagekapitals noch nicht ganz 1 %, so stieg sie in dem günstigsten, 1915/16, auf 29,3 %, um dann wieder zu fallen, sich aber auch in den Nachkriegsjahren 1919/21 immer noch auf einer bemerkenswerten Höhe zu halten (1920/21 über 7 %). Durch diese außergewöhnliche Entwicklung ist es möglich gewesen, das Anlagekapital in verhältnismäßig kurzer Zeit zum großen Teil zu tilgen; von einem Gesamtkapital von 1 491 969 *M* waren 1920/21 bereits

1 015 226 ℳ getilgt. Die Zinsbürgschaft der Zunächstbeteiligten ist seit 1914 dadurch hinfällig geworden.

Im Gegensatz zu dieser Bahn konnte von dem Anlagekapital der übrigen noch nichts getilgt werden. Die überaus günstigen Ergebnisse lassen deutlich erkennen, in wie hohem Maße die Prosperität einer Kleinbahn von ihrer geographischen Lage, von den wirtschaftlichen Verhältnissen der durchzogenen Gegend und der Linienführung abhängig ist, und welchen volkswirtschaftlichen Nutzen auch eine unscheinbare Kleinbahn stiften kann. Die anderen besprochenen Kleinbahnen der Kreise West- und Osthavelland haben ländlichen Charakter und kommen nur in geringem Maße gewerblichen Unternehmungen zugute; sie sind dienende Bahnen, deren Nützlichkeit mittelbar wirksam wird. Bei der letzten dagegen tritt die Förderung landwirtschaftlicher Produktion in den Hintergrund gegenüber der Unterstützung industrieller Anlagen; hier wird die Kleinbahn durch die größere Kapitalintensität und den erhöhten Umsatz solcher Unternehmungen zur werbenden Anlage. Dieses als Beispiel herangezogene geschlossene und einheitlich betriebene Kleinbahnnetz läßt erkennen, wie sich zwar die Aussichten für eine Kleinbahn mit zunehmender Annäherung an eine größere Stadt verändern, wie aber immer die Frage eines Kleinbahnbaues nur unter Berücksichtigung aller gegebenen Verhältnisse und Möglichkeiten entschieden werden kann.

Die historische Entwicklung der Frage der Unterstützung aus öffentlichen Mitteln.

In dem Gesetzentwurf über die Bahnen unterster Ordnung, der im Jahre 1892 dem preußischen Abgeordnetenhause vorgelegt wurde[1]), war eine öffentliche Unterstützung nicht vorgesehen. Das lag durchaus in der Richtung der Erwägungen, die dieses Gesetz veranlaßt hatten. Die Forderungen nach dem Bau von staatlichen Lokal- oder Nebenbahnen waren immer zahlreicher und dringender geworden. Die Verkehrsentwicklung hatte mit der der Wirtschaft nicht gleichen Schritt gehalten. Zudem gestaltete sich die Produktion und der Absatz der heimischen Landwirtschaft durch die Konkurrenz des Auslandes immer schwieriger. Der Staat aber konnte von sich aus allen diesen Wünschen nicht gerecht werden. Durch die Überführung der wichtigen Eisenbahnlinien in sein Eigentum hatte er sich schon hinreichend belastet. So blieb nur der Ausweg, den privaten Unternehmungsgeist, der durch die zunehmende Verstaatlichung immer mehr ausgeschaltet war, wieder für den Bahnbau

[1]) Preußisches Haus der Abgeordneten 1892, Drucksache Nr. 138.

heranzuziehen und das private Kapital für die neue Bahnart zu interessieren. Deshalb sollte, soweit es mit den staatlichen Pflichten sich vereinbaren ließ, volle Bewegungsfreiheit gegeben werden.

In den Beratungen der besonderen Kommissionen des Abgeordneten- und Herrenhauses war von verschiedenen Seiten eine Unterstützung aus öffentlichen Mitteln beantragt worden. So war in der verstärkten Kommission des Herrenhauses für Eisenbahnangelegenheiten zu § 1 des Kleinbahngesetzes ein Antrag gestellt, der eine einmalige Dotation von 12 Millionen Mark, die den Provinzen zur Förderung des Baus von Kleinbahnen erteilt werden sollte, sogar zur Vorbedingung für das Gesetz machen wollte. Die Verteilung auf die einzelnen Provinzen sollte nach dem Flächeninhalt und der Zahl der Bevölkerung vorgenommen werden. Der Antrag mußte jedoch zurückgezogen werden, da fast alle Kommissionsmitglieder mit Rücksicht auf den Stand der Staatskasse dagegen waren und außerdem das Zustandekommen des Gesetzes nicht überhaupt gefährden wollten. Damit war eine gesetzlich festgelegte Unterstützung abgelehnt. Das gleiche Schicksal, allerdings mit Stimmengleichheit, hatte auch folgende Entschließung: „ . . . die Königliche Staatsregierung zu ersuchen, in das Ordinarium des Etats einen Betrag entsprechend dem allgemeinen Bedürfnis der Provinzen einzustellen als Dispositionsfonds des Ministers der öffentlichen Arbeiten zur Unterstützung von Eisenbahnunternehmungen unterster Ordnung nach Anhörung der provinzialständischen Organe."[1]) Wohl aber empfahl die Kommission eine andere Entschließung dem Herrenhaus zur Annahme: „ . . . die Königliche Staatsregierung zu ersuchen, den Provinzen durch den nächstjährigen Etat einen Betrag zur Unterstützung des Ausbaus von Bahnen unterster Ordnung überweisen zu wollen." [1]) Entscheidend für die Annahme war, daß durch eine finanzielle Unterstützung des Staates ein Ansporn zum Kleinbahnbau gegeben werden sollte, da die Kleinbahnen an sich keine großen Gewinnaussichten bieten konnten. Auch wurde nicht verkannt, daß durch den Bau von Kleinbahnen die Ausgaben für Wegebau vermindert werden konnten und ebenso eine Entlastung des staatlichen Nebenbahnbaus, der sonst erheblich höhere Summen dem Staate kostete, zu erwarten war.

In den Beratungen der 18. Kommission des Abgeordnetenhauses zur Vorberatung des Gesetzentwurfs über die Bahnen unterster Ordnung wurde gleichfalls die Frage einer öffentlichen Unterstützung behandelt. Auch hier wurde eine Unterstützung des Privatkapitals durch Staat oder Kommunalverbände für notwendig gehalten, wenn das Gesetz wirklich

---

[1]) Preußisches Herrenhaus 1892, Drucksache Nr. 69.

Erfolg haben sollte. Das Schwergewicht sollte jedoch in die Provinzialverwaltungen gelegt werden, da der Staat bei seiner Finanzlage kaum imstande sein würde, erhebliche Mittel herzugeben. Die Provinzen könnten außerdem die Richtigkeit der einzelnen Linien und die Notwendigkeit der Unterstützung im öffentlichen Interesse am besten beurteilen. Dem Staate selbst sollte andererseits eine nicht allgemeine Unterstützung, sondern nur von Fall zu Fall bei Bahnen in wirtschaftlich schwachen Gegenden nahegelegt werden, um den Kleinbahnbau dort, wo er am nötigsten sei, überhaupt zu ermöglichen. Die Kommission beantragte also, folgende Entschließung im Abgeordnetenhause anzunehmen:

„a) . . der königlichen Staatsregierung zur Erwägung anheim zu geben, ob die Erweiterung der Verwendungszwecke in § 4 des Dotationsgesetzes vom 8. 7. 1875 auf die Fürsorge für den Bau von Lokalbahnen und die Unterstützung von Gemeinde- und Kreislokalbahnen im Wege der Gesetzgebung herbeizuführen sei;

b) die Erwartung auszusprechen, daß der Staat sich an Lokalbahnen mit Geldmitteln beteiligen werde, wenn es sich um Aufschließung wirtschaftlich schwacher Gegenden handelt.“[1])

Die Regierung dagegen glaubte, mit Unterstützungen zurückhaltend sein zu müssen, um zunächst einmal die Entwicklung des Kleinbahnbaus abzuwarten. Das wurde aber nicht offen ausgesprochen, vielmehr erklärte der Finanzminister Miquel im Abgeordnetenhause, der Kleinbahnbau sei Aufgabe der lokal Interessierten[2]). Deshalb könne der Staat grundsätzlich nicht unterstützen; generell Summen in den Etat einzustellen für den Zweck, denen, die zuerst kommen und stärker drängen, zu helfen, sei im höchsten Grade unzweckmäßig. An sich war die Regierung sich wohl darüber im klaren, daß schließlich staatliche Unterstützungen doch gegeben werden müßten, wenn das Kleinbahngesetz den gewünschten Ausbau der Verkehrswege und damit eine Entlastung der Staatsfinanzen bringen sollte. Schon 1878 hatte M. M. Freiherr v. Weber in einer ausführlichen Denkschrift, die auf Veranlassung des preußischen Handelsministers entstanden war, klar ausgesprochen, daß die öffentlichen Verbände Staat, Provinzen und Gemeinden an der Finanzierung der Kleinbahnen mitwirken müßten. „Da der Gemeinsinn nur an sehr wenig Orten so kräftig entwickelt ist, um ein gemeinnütziges Unternehmen der fraglichen Art durch freie Beteiligung der Interessenten allein zustande zu bringen, die Besitztitel der Bahnen minderer Ordnung mit Recht wenig Anziehungskraft für das Finanzpublikum haben können,

---

[1]) Preußisches Haus der Abgeordneten 1892, Drucksache Nr. 206.

[2]) Berichte des Preußischen Hauses der Abgeordneten 1892, Band III. S. 2048.

so wird es nur in wenig Fällen gelingen, eine Bahn minderer Ordnung von einiger Bedeutung ohne Hilfe des Staates oder Provinzen und Gemeinden zustande zu bringen."[1])

„Die tendenzgemäßen Gründer der Bahnen minderer Ordnung sind nicht die vaterlandslosen Kapitalien, sondern die landeingesessenen Interessenten: Provinz, Gemeinden, Anlieger, meist unter Hilfeleistung des Staates." Er hatte im einzelnen dargelegt, in welchen Formen, unter welchen Bedingungen usw. Unterstützungen gegeben werden sollten, und hatte auch in seinen Gesetzentwurf über die Bahnen minderer Ordnung die staatliche Hilfeleistung hineingenommen.

In Auswertung des Kommissionsantrags a) wurde nun trotz des Widerstands der Regierung bei der zweiten Beratung des Kleinbahngesetzes ein Antrag von Tiedemann im Plenum des Abgeordnetenhauses am 14. 6. 1892 angenommen und als § 41 in das Gesetz eingefügt. Er lautet: „Die auf Grund des Allerhöchsten Erlasses vom 16. 9. 1867, der Gesetze vom 7. 3. 1868 und 11. 3. 1872 und der §§ 2 und 3 des Gesetzes vom 8. 7. 1875 den dort genannten Provinzial- und Kommunalverbänden überwiesenen Kapitalien und Summen können auch zur Förderung des Baues von Kleinbahnen verwendet werden." Damit war ein Weg vorgezeichnet, wie der Kleinbahnbau durch öffentliche Mittel gefördert werden konnte. Indessen konnte dieser Weg nicht zum Ziele führen, da die betreffenden Dotationsmittel schon fast ganz für den Wegebau in Anspruch genommen wurden, manchmal sogar noch nicht einmal dazu ausreichten.

Erst die schwache Entwicklung des Kleinbahnbaus in den ersten Jahren nach Erlaß des Gesetzes, die ihren Grund in der Schwierigkeit der Kapitalbeschaffung und der teilweise ablehnenden Haltung der Provinzialverwaltungen und der Kreise hatte, besonders in den verkehrsarmen Landesteilen, veranlaßte die Regierung, nun durch Unterstützungen in größerem Umfange diesen in Fluß zu bringen. Nicht ohne Einfluß sind dabei wohl die guten Erfahrungen gewesen, die Belgien mit einer gemischten Finanzierung gemacht hatte, und die das ganze Land in geradezu mustergültiger Weise bis in die kleinsten Ortschaften hinein mit Bahnen versorgt hatte. Freilich ließ sich in Preußen eine so stark zentralisierte Finanzierung mit überwiegend öffentlichem Kapital wegen der größeren Ausdehnung des Landes und der größeren Verschiedenartigkeit der Verkehrsbedürfnisse nicht durchführen. Aber immerhin war der Beweis erbracht worden, daß ein Staat durch tatkräftige Unterstützung bei aller Wahrung der örtlich individuellen Freiheit die Aus-

[1]) v. Weber, Der staatliche Einfluß auf die Entwicklung der Eisenbahnen minderer Ordnung, Leipzig 1878, S. 59.

gestaltung der kleinsten Bahnen mit lokal begrenzter Bedeutung in hervorragendem Maße beeinflussen kann, ohne sie selbst allein in die Hand zu nehmen. Auch Belgien hatte zuerst nur negative Erfolge gehabt.

Im Jahr 1895 wurde also der Volksvertretung ein Gesetzentwurf betr. die Erweiterung und Vervollständigung des Staatseisenbahnnetzes und die Beteiligung des Staates an dem Bau von Kleinbahnen[1]) vorgelegt. Es wurde anerkannt, daß eine staatliche Unterstützung in den wirtschaftlich schwächeren und verkehrsärmeren, also hauptsächlich den Landwirtschaft betreibenden Gebieten eine Notwendigkeit sei, da das Privatkapital allein den Ausbau nicht in dem gewollten Maße bewerkstelligen würde und könnte. In erster Linie sollten jedoch die Provinzen zur Unterstützung berufen sein. Da diese aber nicht ausreichen konnte, wollte der Staat helfend eingreifen. Das letzte volkswirtschaftliche Ziel der staatlichen Hilfe war die Hebung der wirtschaftlichen Lage, besonders die Steigerung der Rentabilität der landwirtschaftlichen Produktion durch Verbesserung der Verkehrslage. Damals stand Preußen in einer schweren Agrarkrisis. Die staatliche Unterstützung sollte aber nicht allgemein sein, sondern nur von Fall zu Fall unter Berücksichtigung der jeweils besonderen Verhältnisse bewilligt werden. Der Minister der öffentlichen Arbeiten Thielen hatte von Anfang an überhaupt grundsätzliche Bedenken gegen die direkten Staatsbeihilfen gehabt,[2]) da durch die Aussicht auf sie der Wille zur Selbsthilfe gelähmt und dem Staate eine zu große Last auferlegt werden könnte.

Die Mittel wurden in Form eines Dispositionsfonds bereitgestellt, über den der Minister der öffentlichen Arbeiten unabhängig vom Parlament das Verfügungsrecht hatte. Die Beschlüsse über die Gewährung von Staatsunterstützungen werden vorbereitet in einem Ausschuß, der sich zusammensetzt aus Vertretern des Ministers der öffentlichen Arbeiten (jetzt Handelsminister), des Finanzministers, des Ministers für Landwirtschaft, Domänen und Forsten und des Ministers des Innern. Die Mitwirkung des Ministeriums des Innern in dieser Kleinbahnunterstützungskommission hat nicht von Anfang an bestanden, sondern ist erst später auf Anregung der Budget-Kommission des Abgeordnetenhauses eingerichtet worden. Die Beschaffung der bewilligten Mittel erfolgte durch Anleihen gegen Ausgabe von Staatsschuldverschreibungen, soweit nicht Reste von besonderen Fonds vorhanden waren.

Auf diesem einmal eingeschlagenen Wege ist der preußische Staat bis auf den heutigen Tag fortgeschritten. Die Regierung hat sich fast

[1]) Preußisches Haus der Abgeordneten 1895, Drucksache Nr. 78.

[2]) Berichte des Preußischen Hauses der Abgeordneten 1895, Band II, S. 1462.

jedes Jahr außerhalb des Etats in besonderen Gesetzen, zum Teil mit anderen Materien zusammen, seit 1907 in den Anleihegesetzen zur Bereitstellung von Mitteln für Kleinbahnen Summen zur Auffüllung des Kleinbahnunterstützungsfonds bewilligen lassen, und zwar durch Gesetz vom:

8. 4. 1895	5 Mill.	28. 7. 1909	3 Mill.
3. 6. 1896	8 „	25. 7. 1910	5 „
8. 6. 1897	8 „	30. 6. 1911	6 „
20. 5. 1898	8 „	14. 6. 1912	7 „
25. 5. 1900	20 „	28. 5. 1913	7,5 „
20. 5. 1902	20 „	10. 6. 1914	6,5 „
18. 5. 1903	5 „	26. 3. 1915	1,5 „
25. 6. 1904	5 „	17. 4. 1916	1 „
6. 6. 1905	5 „	22. 4. 1917	2 „
15. 6. 1906	5 „	2. 7. 1918	1,5 „
29. 5. 1907	5 „	9. 9. 1919	5 „
14. 5. 1908	5 „	14. 1. 1921	10 „
		Insgesamt . .	155 Mill.

Systematische Darstellung der Grundsätze für die Unterstützung durch die Provinzen.

Die Unterstützungen durch die Provinzen haben ihre gesetzliche Grundlage im § 41 des Kleinbahngesetzes. Bald nach Erlaß des Gesetzes haben sich bereits mehrere Provinzialverwaltungen mit der Kleinbahnfrage befaßt und allgemeine Grundsätze für ihre Behandlung aufgestellt. Wegen der mangelnden Erfahrungen sind diese ersten Beschlüsse der Provinziallandtage aber meist schon nach wenigen Jahren abgeändert worden und einige Provinzen haben nach anfänglichem Zögern überhaupt erst später Maßnahmen zur Förderung des Kleinbahnbaues getroffen. Diese Festsetzungen, Vorschriften, Bestimmungen, Regulative usw. sind infolge der gebietsweise verschiedenen Bedingungen und Verhältnisse von der größten Mannigfaltigkeit und haben bis in die letzte Zeit noch Erweiterungen und Abänderungen, allerdings nicht in grundsätzlich umstoßendem Sinn erfahren. Hier sollen sie betrachtet werden, soweit sie in der dreißigjährigen Entwicklungsperiode des Kleinbahnwesens von entscheidendem Einfluß gewesen sind, und soweit sie auch heute noch Geltung haben. Aus dem Gesamtumfang dieser Unterstützungsbedingungen, die in den Provinzen in allen Schattierungen von der allgemeinsten Regelung, die gleichbedeutend mit voller Handlungsfreiheit ist, bis zur genauesten Regelung aller Einzelheiten und Möglichkeiten vertreten sind, sollen zunächst die allgemeinen Grundzüge in systematischer Form gegeben werden.

Zur Bewilligung einer Unterstützung müssen vorerst bestimmte Voraussetzungen erfüllt sein. 1. Die zu unterstützende Kleinbahn muß dem öffentlichen Verkehrsinteresse dienen, d. h. sie muß geeignet sein, vorhandene Verkehrsbedürfnisse zu befriedigen und damit zur Aufschließung und wirtschaftlichen Hebung eines Gebietes beizutragen. Für den Bezirksverband Wiesbaden ist diese Bestimmung genau formuliert: Die Kleinbahn darf nicht hauptsächlich dem Personenverkehr in der Nähe der großen Städte oder ausschließlich einzelnen kapitalkräftigen industriellen Betrieben dienen, sondern muß dazu bestimmt sein, Teile des Bezirksverbandes für den Eisenbahnverkehr aufzuschließen und die Frachten zu verbilligen. Kurz gesagt: die Kleinbahn muß ausbauwürdig sein. Darin einbegriffen ist eine im allgemeinwirtschaftlichen Interesse günstige Linienführung.

2. Der zum Bahnbau erforderliche Grunderwerb, bzw. die Aufbringung der Grunderwerbskosten sowie die Entschädigungen für Nutzungen und Wirtschaftserschwernisse ist grundsätzlich Sache der Zunächstbeteiligten. Diese Summen dürfen nicht in das Anlagekapital eingerechnet werden.

3. Die niederen Kommunalverbände, Kreise oder die Zunächstbeteiligten müssen sich an der Aufbringung des Kapitals mitbeteiligen. In mehreren Provinzen müssen deren Leistungen mindestens gleich hoch sein wie die erwartete Beteiligung der Provinz.

4. Die Durchführung des Unternehmens, d. h. die Aufbringung des gesamten Anlagekapitals muß gesichert sein. In einigen Provinzen werden außerdem noch weitere Voraussetzungen verlangt: Wirtschaftlichkeit des Unternehmens, d. h. die Kleinbahn muß eine Rente abwerfen können; so in Hannover bei Aktiengesellschaften, in Kassel und Hohenzollern. Die Herstellung der Kleinbahn muß ohne die Beihilfe des Kommunalverbandes nicht möglich sein (Hohenzollern). Die Vorarbeiten sind durch die Interessenten zu bestreiten (Kassel). Kreis und Gemeinden müssen ebenso wie die Provinz die Benutzung der öffentlichen Wege, zum Teil unentgeltlich zulassen (Ostpreußen, Sachsen). Schließlich muß der Staat unter gewissen Bedingungen eine entsprechende oder gleich hohe Unterstützung geben bzw. richtet sich umgekehrt die Höhe der Provinzialbeihilfe nach der des Staates (Rheinprovinz, Hannover). Schleswig-Holstein gibt grundsätzlich Unterstützungen nur an Unternehmungen von Kommunalverbänden. Der Bezirksverband Kassel verlangt, daß die Kleinbahn nicht lediglich von privaten Unternehmern ins Leben gerufen wird.

Die Formen der Unterstützungen sind in den einzelnen Provinzen sehr verschieden, sie sind teils mittelbarer, teils unmittelbarer, finanzieller Art. Zur ersteren gehört die Gestattung der Benutzung von Provinzialchausseen. Dadurch wird Grunderwerb und eigener Bahnkörper erspart. Des weiteren haben eine Reihe von Provinzialverbänden zur Förderung des Kleinbahnwesens es übernommen, Vorarbeiten für den Bau auszuführen, deren Kosten nur zum Teil oder gar nicht von den Unternehmungen zu tragen sind. Darunter sind zu verstehen: Anfertigung von generellen wie speziellen Entwürfen, Plänen, Zeichnungen, Kostenanschlägen und Ertragsberechnungen. Zu diesem Zweck haben mehrere Provinzen besondere Techniker angestellt und schließlich Kleinbahnabteilungen oder Kleinbahnämter eingerichtet, um auch die Oberleitung des Baues, d. h. die Beaufsichtigung auszuüben und Liefer- und Verdingungsverträge abzuschließen. Nach den hannoverschen und pommerschen (seit 1910) Bestimmungen kann bzw. muß sogar die Unterstützung von der Vorbereitung, Führung oder Überwachung von Bau (und Betrieb) durch die Provinz abhängig gemacht werden. Dadurch soll erreicht werden, daß einerseits die höhere Gewinnquote des privaten Bauunternehmers erspart wird und andererseits die Kleinbahnen möglichst einheitlich und planmäßig gestaltet werden, wie es dem Gesamtinteresse am besten entspricht. Wichtiger aber ist die unmittelbare Unterstützung durch finanzielle Beihilfen entsprechend denen des Staates.

Die Form ist im allgemeinen bedingt durch die Form der Unternehmung: Kommunalverbände erhalten vorwiegend Darlehen, bei Aktiengesellschaften und Gesellschaften mit beschränkter Haftung werden Aktien bzw. Stammeinlagen übernommen. Die Darlehen werden in der Regel als verzinsliche und mit Tilgungsverpflichtung, aber auch zinsfrei gewährt; so in Schleswig-Holstein. Auf Verzinsung kann verzichtet werden, solange keine entsprechenden Erträge herausgewirtschaftet werden, in Sachsen und Wiesbaden. In der Praxis gibt auch Schlesien zinsfreie Darlehen mit bedingter Tilgung, obwohl es in den Vorschriften nicht grundsätzlich ausgesprochen ist. Die Hergabe wird häufig abhängig gemacht von der Bestellung einer Sicherheit oder von der Eintragung in das Bahngrundbuch (Bahnhypothek, Bahnpfandschuld). Eine Eigentümlichkeit hat sich in Schlesien, Westfalen und der Rheinprovinz herausgebildet: Die Darlehen werden durch die Provinzialhilsfkasse bzw. die Landesbank gewährt und die Provinz selbst gibt zur Verzinsung einen jährlichen Zuschuß. In ähnlicher Weise unterstützen Hannover und Kassel durch Darlehen mit erleichterten Zinsbedingungen, indem eine niedrigere Verzinsung gefordert wird als die, die die Provinz selbst für ihre Anleihe zahlen muß. Die Zinszuschüsse sollen sich aber vermindern, wenn ein entsprechend höherer Reinertrag erzielt wird. Ostpreußen gibt grundsätzlich fortlaufende Zuschüsse, aber nicht über die Dauer von 43 Jahren hinaus. Die Zinshöhe für die Darlehen ist verschieden. Eine Zinsbürgschaft übernimmt die Provinz Sachsen (auch

Bürgschaft für Tilgung, jedoch Rückerstattung aus dem Reingewinn) und Wiesbaden, früher auch Westpreußen. Eine aktive Beteiligung an Unternehmungen, die nicht Gesellschaftsform besitzen, kennt Brandenburg und Wiesbaden. Diese Beihilfen in einem engeren Sinn, die am Gewinn und Verlust teilhaben, entsprechen der Übernahme eines Kapitalteiles einer Aktiengesellschaft. Verlorene Zuschüsse können in Wiesbaden und Westfalen bewilligt werden, in letzterer Provinz allerdings mit bedingter Rückzahlung, so daß es sich eigentlich um Beihilfen handelt. Auf verlorene Zuschüsse kommen teilweise die Darlehen der Provinz Schleswig-Holstein hinaus, die so getilgt werden sollen, daß die Leistung der Provinz einem endgültigen Verlust in Höhe von ⅙ des Anlagekapitals entspricht. In den Grundsätzen für Ostpreußen ist ferner die Möglichkeit der „Gewährung von Anlagekapital" und in denen von Westfalen „der Übernahme eines Teiles der Anlagekosten" ohne nähere Bestimmung aufgeführt. „In sonst geeigneter Form" neben anderen können Unterstützungen in Pommern und Westpreußen gegeben werden. Die Entscheidungen von Fall zu Fall ist in der früheren Provinz Posen[1]) und in Hohenzollern vorbehalten.

Alle diese Unterstützungsformen kommen nun in den einzelnen Provinzen teils allein, teils nebeneinander vor. Ein ungefähres Bild der Unterstützungsmöglichkeiten gibt folgende schematische Übersicht (S. 36):

Die Darlehen in den Provinzen Schlesien, Westfalen und Rheinland werden von der Provinzialhilfskasse bzw. Landesbank, in den Provinzen Hannover, Schleswig-Holstein, Kassel und Posen von der Provinz selbst Kleinbahnen, die Gesellschaftsunternehmungen sind, nicht unmittelbar gewährt, sondern den Kreisen, Städten und Gemeinden als den Zunächstbeteiligten gegeben, die sie dann an die Gesellschaft als eigene Beteiligung weitergeben. Es handelt sich also um mittelbare Unterstützungen durch die Provinzen, die den Zweck verfolgen, die größere Kreditfähigkeit der höheren Kommunalverbände für die niederen nutzbar zu machen. Von den grundsätzlich festgelegten Formen kommen auch Ausnahmen

---

[1]) Die zum größeren Teil abgetrennten Provinzen Posen und Westpreußen sind hier mit einbegriffen, da auch in diesen das Kleinbahnwesen in gleicher Weise wie in den übrigen Provinzen gefördert worden ist. Heute liegen in dem Restgebiet der Provinz Westpreußen östlich der Weichsel (Regierungsbezirk Marienwerder), dem der alte Name verblieben ist, noch zwei Kleinbahnen und ebenso viele in dem Restgebiet der ehemaligen Provinz Posen und Westpreußen westlich der Weichsel, der jetzigen Grenzmark Posen—Westpreußen (Schneidemühl). Neue Grundsätze für diese beiden arg zusammengeschmolzenen Provinzen sind bisher nicht beschlossen worden, wahrscheinlich wegen der geringen räumlichen Ausdehnung.

1	2	3	4	5	6	7	8	9	10
Beteiligung mit Aktien, Stamm-einlagen	Darlehen	Jährliche Zuschüsse zur Verzinsung, zum Teil auch zur Tilgung	Bürgschaft für Verzinsung	Beihilfen als Aktiv-beteiligung	Verlorene Zuschüsse	Gewährung von Anlage-Kapital	In sonst geeigneter Form	In jeweils geeigneter Form	Wie Staats-unter-stützung
Ostpr.[1])	Ostpr.[2])	Ostpr.	—	—	—	Ostpr.	—	—	—
Westpr.[1])	—	—	Westpr.	—	—	—	Westpr.[4])	—	—
Brandenbg.	Brandbg.[3])	—	—	Brandbg.[1])	—	—	—	—	—
Pommern[1])	Pommern[2])	—	—	—	—	—	Pommern[5])	—	—
—	—	—	—	—	—	—	—	Posen[6])	—
Schlesien	(Schlesien) (Prov. Hi. Ka)	Schlesien[1])	—	—	—	—	—	—	—
Sachsen[1])	Sachsen[2])	—	Sachsen	—	—	—	—	—	—
—	Schl.Hol.[1])	—	—	—	(Schl.Hol.)	—	—	—	—
Hannover[1])	Hannover[1])	(Hannover)	—	—	—	—	—	—	—
Westfalen	(Westfalen) (Landesb.)	Westfalen[1])	—	—	(Westfalen)	Westfalen	—	—	—
—	Kassel[1])[2])	(Kassel)	—	—	—	—	—	—	—
Wiesb.[1])	Wiesb.[3])	—	Wiesbaden	Wiesbaden	Wiesbaden	—	—	—	—
—	(Rheinpr.) (Landesb.)	Rheinpr.[1])	—	—	—	—	—	—	Rheinpr.[7])
—	—	—	—	—	—	—	—	Hohenzoll.[8])	—

[1]) Hauptsächlich vorkommende Form nach Zahl der unterstützten Unternehmungen (nicht nach Höhe der Beträge).
[2]) Gegen Sicherheit oder Eintragung in Bahngrundbuch.
[3]) Teilweise Sicherheit oder Eintragung in Bahngrundbuch.
[4]) In der Praxis bisher Darlehen zu mäßigem Zins- und Tilgungssatz.
[5]) Beteiligung wie Nr. 5.
[6]) Hauptsächlich Darlehen zu mäßigem Zins- und Tilgungssatz, in geringem Umfange verlorene Zuschüsse.
[7]) Stammeinlagen und Aktien.
[8]) Beteiligung mit Aktien und Zinsbürgschaft für garantierte Aktien.

vor, z. B. ist die Rheinprovinz an einem Unternehmen mit Stammeinlagen beteiligt.

Die Höhe der provinziellen Unterstützung wird nach oben begrenzt durch einen bestimmten Anteilssatz am Anlagekapital oder durch eine bestimmte Höchstsumme für den Kilometer. Sie schwankt allgemein zwischen ¼ und ⅓, geht in Brandenburg und Schlesien bei Beteiligung an Aktiengesellschaften auf ⅛ herunter und steigt in Wiesbaden bei besonderen Verhältnissen auf ½, in Hannover und der Rheinprovinz auf ⅔. In Hannover und Wiesbaden kann sogar das gesamte Anlagekapital durch die Provinz aufgebracht werden. In gewissen Fällen richtet sich in Hannover und der Rheinprovinz die Höhe der Provinzialunterstützung nach der staatlichen Beihilfe. In Pommern ist die obere Grenze der Unterstützung mit früher 8000, jetzt 16 000 ℳ für den Kilometer festgesetzt. Die Provinz Ostpreußen hat die jährlichen Zuschüsse an einen Kreis insgesamt auf 15 000 ℳ und die Kapitalzahlungen auf 333 333 ℳ in der Regel eingeschränkt. Das Regulativ der Provinz Schleswig-Holstein weist die Eigentümlichkeit auf, daß die Bemessung der Darlehen regelmäßig nach der Veranschlagung der Bausumme für die Bahn in 1 m-Spurweite erfolgt, auch wenn sie in Vollspur ausgeführt wird. Im Bezirksverband Wiesbaden schließlich können Kleinbahnen, die von einem Privatunternehmer oder einer Gesellschaft auf eigene Kosten ohne Mitbeteiligung des Bezirksverbandes gebaut werden, ein unverzinsliches Darlehen bis zur Höhe des mit 25 kapitalisierten Betrages der jährlichen Ersparnis an Chausseeunterhaltungskosten erhalten. Westfalen, Posen und Hohenzollern haben ihre Beteiligungen nicht grundsätzlich begrenzt. Während gewöhnlich nur Neubauten von Kleinbahnen provinzielle Unterstützung finden, haben Ostpreußen, Pommern und Wiesbaden auch die Förderung bereits im Betrieb befindlicher Bahnen, also deren Erweiterung und Vervollständigung, Pommern auch zur Tilgung von Schulden in ihre Grundsätze aufgenommen.

An die Hergabe einer Beihilfe wird meist die Bedingung genüpft, daß dem Provinzialverband ein angemessener Einfluß auf Bau, Betrieb und sonstige die Rentabilität bedingende Einrichtungen der Kleinbahn zugestanden wird. Die Einzelheiten des geforderten Rechts sind in den verschiedenen Provinzen mehr oder minder ausführlich geregelt. Die umfassendste Formulierung hat Brandenburg, die auch für die Bedingungen des Staats vorbildlich und maßgebend geworden ist. Der Einfluß kann sich überhaupt erstrecken auf den Bauplan, die Linienführung, Verträge mit Bauunternehmern, Höhe der Kosten (Kostenanschlag), Aufbringung der Mittel, Belastung des Grundbuchs und Aufnahme von Anleihen, die Ausrüstung, spätere Erweiterungen, Vermehrung der Betriebsmittel und, was den Betrieb anlangt, auf die Zahl der Züge, die Beförderungspreise, die Verwaltung der Bahn, Betriebsverträge, Genehmigung der Jahresabschlüsse, Bilanzen, Betriebsübersichten und Verwaltungsberichte. Hannover hat sich darüber hinaus noch vorbehalten, daß soweit „die Staatsregierung rücksichtlich ihrer Beteiligung noch weitere Kautelen, insbesondere wegen der Kontrolle der Bauausführung und des Betriebes wie betr. der Beförderungspreise und der Zahl der Züge fordern sollte, die gleichen Befugnisse auch der Provinzialverwaltung eingeräumt werden müssen". Ostpreußen sichert sich das ausschließliche Vorrecht auf den Erwerb der Bahnen unbeschadet des gesetzlichen Vorkaufsrechtes des Staates. Bis heute befindet sich indessen in ganz Preußen nicht eine einzige nebenbahnähnliche Kleinbahn in unmittelbarem Eigentum einer Provinz. Schon im Anfang der Kleinbahnentwicklung hatten sich die meisten Provinzen grundsätzlich dahin ausgesprochen, daß es nicht Aufgabe der Provinzen sei, als Kleinbahnunternehmer aufzutreten.

Im Gegensatz zu den geforderten Vorrechten billigen nun aber auch mehrere Provinzen den übrigen Beteiligten Vorzugsrechte zu und zwar bezüglich der Verzinsung der Anteile. Brandenburg gestattet eine Vorwegverzinsung des Anlagekapitals des kommunalen Unternehmers mit 2 %, Pommern unter Umständen dem bevorrechteten Kapital, das jedoch nicht mehr als ⅓ des Gesamtkapitals betragen darf, eine solche bis zu 4 %. Schleswig-Holstein räumt dem Staate eine Vorzugsverzinsung ein. Kassel und Wiesbaden gewähren schließlich, letzteres fakultativ, vorab eine Verzinsung des sonstigen bzw. fremden Kapitals und zwar Kassel 4 %.

Sonst verlangen im allgemeinen die Provinzen eine Gewinnbeteiligung entsprechend ihrem Kapitalanteil. Die Provinz Hannover drückt das kategorisch so aus: Die Provinz soll mit ihrem eingeschossenen Kapital rücksichtlich Verteilung des Reinertrags nicht schlechter gestellt sein als irgendein anderer Teilnehmer des Bahnunternehmens. Nach den ostpreußischen Festsetzungen sollen Unternehmern von Kleinbahnen, die nicht mehr als die Provinz leisten, besondere Vergünstigungen bei Verteilung des Reingewinns nicht zugesichert werden. Außer der Gestattung einer Vorverzinsung bei Kommunalunternehmungen verzichtet Brandenburg auch bei Beteiligung an Gesellschaftsunternehmungen auf Vorzugsaktien bzw. bevorzugte Stammeinlagen, sofern diese nicht mehr als die Hälfte des Gesellschaftskapitals ausmachen. In Pommern dagegen soll die Hälfte der Beteiligung bei etwaiger Ausgabe von Vorzugsaktien möglichst in solchen angelegt werden.

Die allgemeinen von den Provinziallandtagen aufgestellten Grundsätze sind die Richtlinien für die Einzelbewilligungen, die durch die Provinzialausschüsse erfolgen mit Ausnahme von Schleswig-Holstein, wo die jedesmalige Entscheidung auch beim Landtag liegt.

Die Mittel zur Förderung des Baus von Kleinbahnen werden aufgebracht entweder entsprechend dem § 41 des Kleinbahngesetzes durch Kürzung der durch die Dotationsgesetze überwiesenen Summen für Wegeneubau, -unterhaltung und -verwaltung, oder es werden jährlich Summen in den Etat eingestellt, die durch Provinzialabgaben gedeckt werden, oder es werden — und das ist meist geschehen — Anleihen aufgenommen. In der Regel haben die Provinzen besondere Kleinbahnfonds gebildet und in ihnen Entschädigungen für Benutzung von Chausseen, die nicht für Chausseebau verwendeten Mittel, die Forderungen aus Beihilfen, Zinsen, Tilgungsbeiträge, die Gewinnanteile aus Aktien usw. angesammelt. Brandenburg hat einen sogen. Eisenbahnfonds, aus dem auch private Nebenbahnen unterstützt werden.

Der Staat als Zunächstbeteiligter: Unterstützungen des Forst- und Domänenfiskus.

In eine besondere Beziehung zur Finanzierung von Kleinbahnen tritt der Staat, wenn er selbst nicht als Wahrer der Gesamtinteressen, sondern als Besitzer werbender Anlagen an Kleinbahnen interessiert ist. Die Berührungspunkte ergeben sich dann, wenn eine Kleinbahn ihre aufschließende Wirkung auch auf fiskalischen Grundbesitz, also staatliche Domänen und staatliches Waldgelände ausübt. Der Staat befindet sich in diesem Falle in der gleichen Lage wie jeder andere private Anlieger, dem die Kleinbahn eine Erleichterung des Absatzes seiner Produkte bringt. Er ist dann auch wirtschaftlicher Interessent, Zunächstbeteiligter und hat als solcher dieselben Pflichten, wie sie nach den allgemeinen Voraussetzungen und Bedingungen, die sich im Laufe der Zeit als Normen entwickelt haben, jenen auferlegt werden. Durch eine finanzielle Beteiligung wurde der Fiskus außerdem in die Lage versetzt, die Linienführung, Anlegung von Weichen, Halte- und Ladestellen in einem seinen Interessen günstigen Sinne zu beeinflussen. Die Verkehrslage hat für den Großgrundbesitz eine erheblich größere Bedeutung als für den kleineren bäuerlichen Besitz. Die preußische Regierung hat deshalb schon bald nach Erlaß des Kleinbahngesetzes Maßnahmen getroffen, um eine mittelbare wie unmittelbare Beteiligung des Staates oder besser des Fiskus an Kleinbahnunternehmungen in geeigneten Fällen sicherzustellen. Der Landwirtschaftminister hat bereits am 4. Mai 1893 eine Anweisung an die Regierungen ergehen lassen mit dem Ersuchen, „in allen Fällen, in denen die Anlegung von Kleinbahnen mit Staatsunterstützung an sie herantritt, rechtzeitig dafür Sorge zu tragen, daß das domänen- und forstfiskalische Interesse sowohl bezüglich des Verlaufs solcher Bahnen als insbesondere auch in betreff der Anlegung von Haltestellen gehörig gewahrt werde“.

Die Grundlage für die finanzielle Unterstützung bildete ein Beschluß des Abgeordnetenhauses vom 26. Januar 1893, der gelegentlich der Beratung des Forstetats auf einen Antrag der Budgetkommission hin[1]) gefaßt wurde. Die Königliche Staatsregierung sollte ersucht werden, „in den nächsten Etat zur Anlage und zur Beteiligung an Anlagen von Kleinbahnen sowie zur Beihilfe für dieselben, sofern diese Bahnen von wesentlichem Interesse für die Forstverwaltung sind, ohne Hinzutritt der letzteren aber nicht zur Durchführung kommen würden, die erforderlichen Mittel einzustellen.“ Diese Beihilfen sollten ein Gegenstück zu den Beihilfen sein, die schon früher für Chaussee- und andere Wege- sowie Brückenbauten und zur Anlegung von Eisenbahngüterhaltestellen gegeben worden waren, und sollten auch das neue Verkehrsmittel der Kleinbahn für die fiskalischen Zwecke nutzbar machen.

So wurden also erstmalig im Etat der Forstverwaltung für das Rechnungsjahr 1894/95 200 000 ℳ zur Verfügung gestellt. In der Begründung für diese Summe hieß es: „Da die Anlage von Kleinbahnen in zahlreichen Fällen auch für die Domänenverwaltung von wesentlichem Interesse ist, insofern die Bahnen in bezug auf viele Domänen zur Verbesserung der Absatzverhältnisse und damit zur Hebung der wirtschaftlichen Lage der Pächter, sowie zur Erhöhung des Pachtwertes der Domänen beitragen würden, so ist es dringend wünschenswert, daß auch der Domänenverwaltung Mittel behufs der Verwendung in denjenigen Fällen zur Verfügung gestellt werden, in denen die betr. Kleinbahn ohne Hinzutritt dieser Verwaltung nicht zur Ausführung kommen würde . . .“ Der letzte Passus fiel 1895 wieder fort, wohl deshalb, weil bei der nicht geringen Höhe der Baukosten einer Kleinbahn die fiskalische Beihilfe, die sich schon in Anbetracht der Begrenztheit der bereitgestellten Mittel nicht sehr hoch bemessen konnte, kaum gestattete, einen entscheidenden Einfluß auf das Zustandekommen auszuüben. Die im Etat bewilligten Summen wurden in je einem besonderen Dispositionsfonds der Forst- und der Domänenverwaltung angesammelt, der auf die folgenden Jahre übertragbar war, und dem etwaige Rückeinnahmen zuflossen. Für Zwecke der Forst- und Domänenverwaltung sind bisher zur Verfügung gestellt worden:

---

[1]) Preußisches Haus der Abgeordneten 1892/93, Drucksache Nr. 37.

	Für die Forstverwaltung[1]	Für die Domänenverwaltung[2]
1894/95	200 000 ℳ	50 000 ℳ
1895/96	200 000 „	50 000 „
1896/97	200 000 „	50 000 „
1897/98	200 000 „	50 000 „
1898/99	200 000 „	50 000 „
1899	200 000 „	50 000 „
1900	200 000 „	50 000 „
1901	200 000 „	50 000 „
1905	100 000 „	—
1906	100 000 „	—
1907	100 000 „	—
1913	100 000 „	—
	2 000 000 ℳ	400 000 ℳ

Außerdem sind für den besonderen Zweck der Herstellung der Berlin-Dahlemer Tiefbahn, die als Fortführung der Wilmersdorfer Untergrundbahn zur Aufschließung des Geländes der aufgeteilten Domäne Dahlem gebaut wurde, und die zum Betriebssystem der oben behandelten Berliner Hoch- und Untergrundbahn gehört, im Etat bewilligt worden:

1909	50 000 ℳ
1910	1 130 000 „
1911	1 310 000 „
1912	1 350 000 „
	3 840 000 ℳ

Über die grundsätzliche Stellungnahme zu Kleinbahnbauten sind bereits vor Bewilligung der Mittel Erlasse ergangen und Vereinbarungen getroffen worden. Allgemeine Bedeutung hat ein Spezialerlaß des Landwirtschaftsministers an die Regierung Stralsund vom 20. Mai 1893 erlangt. Dort wurde empfohlen, gegenüber Kleinbahnprojekten eine möglichst entgegenkommende Haltung einzunehmen und ihre Ausführung zu fördern. „Wenn im Einzelfalle die Herstellung einer projektierten Kleinbahn für den fiskalischen Domänen- und Forstbesitz von wirtschaftlicher Bedeutung ist, so wird es der Regel nach der Sachlage entsprechen und unbedenklich sein, die zum Bahnbau erforderlichen domänen- und forstfiskalischen Grundstücke vorbehaltlich des Eigentums und mit der Verpflichtung zur Rückgabe, sofern ihre Verwendung zum Bahnbetrieb aufhören sollte, unentgeltlich zur Verfügung zu stellen, auch das vorhandene Material an Steinen, Kies und Sand ohne Entgelt herzugeben.“ Des weiteren wurde auch die Leistung eines baren Beitrages (sobald die Mittel dafür durch den Staatshaushaltetat zur Verfügung gestellt wären) zu den Kosten des Bahnbaues in Aussicht gestellt und zwar in einer Höhe,

[1]) Etat des Ministeriums für Landwirtschaft, Domänen und Forsten: Forstverwaltung, Einmalige und außerordentliche Ausgaben, Kap. 13, Tit. 4, später 12 4, 11 4, 11 8 und 2 8.

[2]) Desgl. Domänenverwaltung, Einmalige und außerordentliche Ausgaben, Kap. 12, Tit. 3, später 11 3, 10 3 (1 6a).

die dem für den beteiligten fiskalischen Grundbesitz zu erwartenden Vorteil entspricht. „Soweit Domänen in Frage stehen, wird es auch darauf ankommen, durch welche Leistungen die Pächter ihr Interesse an der Ausführung der betr. Kleinbahn zu betätigen bereit sind. Für gewöhnlich wird voraussichtlich den wirtschaftlichen Interessen mehr gedient sein, wenn die Bahn möglichst nahe an der Hoflage vorbeigeführt wird, als wenn sie die Gutsgrenze verfolgt . . ." Die Bereitwilligkeit zur Hergabe des Grund und Bodens fußte auf einer Königlichen Verordnung vom 12. Oktober 1881, in der der Landwirtschaftsminister ermächtigt worden war, „domänen- und forstfiskalische Grundstücke im Werte bis zu 10 000 ℳ zur Erbauung von nichtfiskalischen Eisenbahnen, Chausseen, Kanälen und zu Entwässerungsanlagen vorbehaltlich des fiskalischen Eigentums und mit der Verpflichtung zur Rückgabe, sofern die bezeichnete Verwendung aufhören sollte, selbständig unentgeltlich zu überlassen, wenn nach pflichtmäßigem Ermessen der Vorteil, der dem Domänen- bzw. Forstfiskus aus solchen Anlagen erwächst, den Wert der zu verwendenden Grundstücke übersteigt und nach Lage der Verhältnisse, insbesondere auch nach Maßgabe der Leistungen der übrigen Interessenten ein solches Verfahren als angemessen zu erachten ist".

Die Grundsätze für die Verwendung der Fondsmittel wurden zwischen dem Landwirtschafts- und dem Finanzminister am 9. Juni 1893 vereinbart. Je nach Lage der tatsächlichen Verhältnisse sollen sie
1. zur Herstellung von Kleinbahnen für eigene Rechnung des Fiskus,
2. zur Beteiligung an Kleinbahnen durch Zeichnung von Aktien usw. und
3. zur Gewährung von Beihilfen sowohl à fonds perdu als auch durch verzinsliche oder unverzinsliche Darlehen benutzt werden. Bei Gesellschaftsunternehmungen soll die Beteiligung des Fiskus grundsätzlich nur durch Übernahme von Aktien oder Stammeinlagen erfolgen. „Bewilligungen können nur unter der Voraussetzung und in solcher Höhe ausgesprochen werden, daß aus der Bahnanlage für den beteiligten fiskalischen Grundbesitz ein die Gesamtaufwendungen des Fiskus, also unter Anrechnung des etwa hergegebenen Grund und Bodens und Baumaterials übersteigender wirtschaftlicher Vorteil sich ergibt. Eine Unterstützung ist demnach ausgeschlossen, wenn nach Abzug der Gesamtaufwendungen ein wirtschaftlicher Vorteil nicht übrig bleibt und nur die Aufwendungen ersetzt werden." Bei Aufwendung von Barmitteln im Interesse von Domänenpächtern sollen in der Regel die vom Fiskus gezahlten Barbeträge durch die Pächter verzinst oder ein sonstiger Ausgleich geboten werden. Der Finanzminister hat sich ein Mitbewilligungsrecht vorbehalten, wenn es sich handelt: um Verwendung von Fondsmitteln zur Herstellung einer Kleinbahn für alleinige Rech-

nung des Fiskus, um Zeichnung von Aktien oder Stammeinlagen in Höhe von mehr als 1/8 des gesamten Aktien- bzw. Stammkapitals und um Gewährung von Beihilfen à fonds perdu oder in Form von Darlehen in Höhe von mehr als 10 000 *M*.

Diese allgemeinen Richtlinien sind bis jetzt nicht abgeändert oder erweitert worden, wahrscheinlich deswegen, weil sie für den verhältnismäßig geringen Umfang der fiskalischen Unterstützungen voll ausreichend waren. Die Wirkungsmöglichkeiten scheinen überhaupt überschätzt worden zu sein, wie es in der Entstehungszeit der Kleinbahnen, als Erfahrungen noch nicht vorlagen, verständlich ist. Weder der Domänen- noch der Forstfiskus hat bisher eine Kleinbahn selbst gebaut. Die Inanspruchnahme des Dispositionsfonds der Forstverwaltung war in den Jahren 1895 bis 1899 so verhältnismäßig gering, daß verbliebene Restbestände dreimal wieder dem allgemeinen Staatsfonds zugeführt wurden; am stärksten war sie in den Jahren 1902 bis 1905. 1907, 1911, 1917 und 1918 ist nichts gezahlt worden. Insgesamt betragen die Zahlungen aus Mitteln der Forstverwaltung bis Ende 1921 1 266 729 *M*, davon 949 000 *M* in Form von Aktienbeteiligung und 317 729 *M* in Form verlorener Zuschüsse (des öfteren für Vorarbeiten); Darlehen sind überhaupt nicht gegeben worden. Die unterstützten Kleinbahnunternehmungen bzw. -projekte liegen vorwiegend in Pommern, Sachsen, Ostpreußen und Hannover. In der Regel ist die Barunterstützung verbunden gewesen mit unentgeltlicher Hergabe von Grund und Boden, jedoch ist dieser auch zur Verfügung gestellt worden, ohne daß eine finanzielle Beihilfe nebenher gegangen wäre.

Die finanziellen Leistungen der Domänenverwaltung machen noch nicht ein Drittel von denen der Forstverwaltung aus. Ihre Höhe belief sich bis Ende 1921 auf insgesamt 379 331 *M*, wovon etwa 60% auf Beteiligung mit Aktien und der Rest zum größten Teil auf verlorene Zuschüsse entfiel, während nur ein geringer Bruchteil in Form von Zuschüssen, die von den Pächtern zu verzinsen sind, gegeben wurde. Unter den verlorenen Zuschüssen befinden sich auch zwei Summen, die für Herstellung von Anschlußgleisen für die betr. Domänen verwendet wurden. Die Unterstützung hat sich in der Hauptsache auf Kleinbahnen in den Provinzen Pommern, Brandenburg und Sachsen erstreckt. Bei Überlassung von domänenfiskalischem Gelände haben die Pächter in der Regel auf einen Pachterlaß oder eine sonstige Entschädigung für Wirtschaftserschwernisse verzichten müssen, wodurch der nach den grundsätzlichen Vereinbarungen verlangte Ausgleich für die Baraufwendungen des Fiskus geschaffen worden ist.

Lebenslauf

des

cand. rer. pol. Otto Fritz Kurt Kunow.

Ich wurde geboren am 26. Mai 1895 zu Berlin als Sohn des damaligen Regierungssekretärs, jetzigen Hofrats im Reichsministerium für Wiederaufbau (Kolonialzentralverwaltung) Fritz Kunow und seiner Ehefrau Ella geb. Hesse. Zwei Jahre später siedelten meine Eltern nach dem kleinen aufblühenden Vorort Zehlendorf an der Wannseebahn über. Dort habe ich meine Jugend zugebracht, von 1901 bis 1904 die Vorschule des humanistischen Gymnasiums und von Ostern 1904 bis Ostern 1914 dieses selbst besucht. Neben der Lerntätigkeit habe ich während der Schulzeit viel Wander-, Turn- und Rudersport getrieben, und so auch meinen an sich schwächlichen Körper genügend entwickelt und gekräftigt. Am 19. Februar 1914 legte ich die Reifeprüfung ab. Da ich Maschinenbau studieren wollte, begann ich mit dem 1. April 1914 die vorgeschriebene praktische Ausbildung als Volontär in der Lokomotivfabrik von Orenstein & Koppel in Drewitz. Sie wurde durch den Kriegsausbruch jäh abgebrochen; am 2. August 1914 meldete ich mich als Kriegsfreiwilliger meinen Berufsabsichten entsprechend beim Eisenbahnregiment Nr. 1 in Schöneberg und wurde dort eingestellt. Nach zehnwöchentlicher Ausbildung rückte ich Anfang November mit einer Eisenbahnbaukompagnie ins Feld. Im Februar 1915 wurde ich zu einer anderen Kompagnie versetzt, der ich dann bis zum Kriegsende angehört habe, und bei der ich sowohl im Westen wie im Osten tätig gewesen bin. Unter anderem habe ich an der bekannt gewordenen großen Hindenburgbrücke über die Dubissa in Litauen mitgearbeitet. Mit Patent vom 5. April 1917 wurde ich zum Leutnant der Reserve beim Eisenbahnregiment Nr. 1 befördert und bekleidete bald darauf längere Zeit einen Adjutantenposten bei einer Militäreisenbahn-Bauabteilung. Nach der Rückkehr in die Heimat wurde ich am 10. Dezember 1918 aus dem Heeresdienst entlassen und begann Anfang Februar 1919 Rechts- und Staatswissenschaften zu studieren. Veranlassung für den Wechsel meiner Pläne waren die außergewöhnlichen Erscheinungen auf wirtschaftlichem, politischem und sozialem Gebiete während der Kriegs- und Umsturzzeit. An der Berliner Universität hörte ich insgesamt fünf Semester, davon zwei Zwischensemester für Kriegsteilnehmer, und dann drei Semester in Rostock. Eine Unterbrechung erfuhr die Berliner Studienzeit durch Waffendienst als Zeitfreiwilliger während der Unruhen in Berlin im März 1919 und 1920. Seit Ende des Wintersemesters 1921/22 bin ich exmatrikuliert. Mein Studium hat sich in die Länge gezogen, da ich als einer der Gründer der nationalen Studentenbewegung des Deutschen Hochschulrings ständig in dieser und daneben auch zum Teil in der studentischen Selbstverwaltung mitgewirkt habe. Die Prüfung lege ich in Kiel ab, da Prof. Dr. E. v. Beckerath, aus dessen Seminar in Rostock die Dissertation hervorgegangen ist, inzwischen einen Ruf nach Kiel angenommen hat.

GPSR Compliance

The European Union's (EU) General Product Safety Regulation (GPSR) is a set of rules that requires consumer products to be safe and our obligations to ensure this.

If you have any concerns about our products, you can contact us on ProductSafety@springernature.com

In case Publisher is established outside the EU, the EU authorized representative is:

Springer Nature Customer Service Center GmbH
Europaplatz 3
69115 Heidelberg, Germany

Batch number: 10844675

Printed by Printforce, the Netherlands